Schlaraffenland & Gaumenlust

Andrea Karrer

Schlaraffenland & Gaumenlust

So schmeckt Niederösterreich

Mit Fotos von Luzia Ellert

Aus der Sendereihe
Köstlich kulinarisch

Bibliografische Information Der Deutschen Bibliothek
Die Deutsche Bibliothek verzeichnet diese Publikation in der Deutschen Nationalbibliografie; detaillierte bibliografische Daten sind im Internet über <http://dnb.ddb.de> abrufbar.

NP BUCHVERLAG
St. Pölten – Wien – Linz

www.np-buch.at
verlag@np-buch.at

Fotos: © Luzia Ellert
Lektorat: Afra Margaretha
Grafische Gestaltung: verlagsbüro wien, Ulli Faber
Gesamtherstellung:
Niederösterreichisches Pressehaus
Druck- und Verlagsgesellschaft mbH
A-3100 St. Pölten, Gutenbergstraße 12

ISBN 3-85326-390-9

Mit freundlicher Unterstützung ÖKOSOZIALES FORUM NIEDERÖSTERREICH

Inhalt

Schlaraffenland und Gaumenlust 7

Obst 9
- Apfel 10
- Marille 20
- Erdbeere 30
- Zwetschke 40

Gemüse 51
- Erdapfel 52
- Kürbis 64
- Paradeiser 76
- Spargel 88

Fleischeslust 101
- Rind & Kalb 102
- Schwein 110
- Wild 120
- Lamm 130
- Gans 140

Fisch 149

Naturschätze 163
- Milch 164
- Käse 174
- Mohn 182
- Most 192

Produktverzeichnis 200

Stichwortverzeichnis 203

Schlaraffenland und Gaumenlust

Kochbücher gibt es wie Sand am Meer. Warum also noch eines schreiben?
Ich glaube, beim Kochen ist es wie mit der Musik. Unzählige meisterhafte Kompositionen warten auf ihre Interpretation. Und jede Interpretation ist individuell geprägt und klingt anders. So ist das auch bei Kochbüchern. Die Persönlichkeit der AutorInnen bestimmt Inhalt und Stil, neben dem kühlen Analytiker schwingt vielleicht ein Philosoph oder ein Phantast den Löffel.
Ich habe meine kulinarische Reise durch das Schlaraffenland Niederösterreich als Reise in eine wunderbare Welt der Sinne angelegt, wo das Erlebnis Mensch und Natur, Kultur und Landschaft, Tradition und Moderne daheim als Gaumenlust nachempfunden werden kann.
Man erwartet heute von einer Speise mehr als Gaumenkitzel und Augenschmaus. Die Seele muss mitessen, denn bleibt sie hungrig, nützt das raffinierteste Aroma nichts, um sie zufrieden zu stellen. In unserer hektischen Welt ist etwas Seltsames geschehen: Wir bekamen Heimweh nach der Küche unserer Großmütter. Das ist nicht eine Frage des Gaumens, sondern des Sentiments. Für mich spielt die Erinnerung an meine Kindheit eine große Rolle: mein herrlich kochendes Dreigestirn, meine Oma, meine Mutter und meine Großtante. Sie vermittelten mir nicht nur die Freude am Kochen, sondern schenkten mir darüber hinaus diese selbstverständliche Geborgenheit, diese Nestwärme, die jedes Kind braucht, um glücklich zu sein. Sie ist Bestandteil jener Sehnsucht, die unsere Seele nach Gulasch, Knödel und Schmarren lechzen lässt.
Für all jene, für die die Liebe auch durch den Magen geht, stelle ich in meinem Kochbuch Niederösterreich mit seinen wunderbaren Lebensmitteln, Produkten und Gerichten vor. Es ist mir nicht egal, wie etwas wächst und verarbeitet wird oder womit ich koche.
Eine Fülle von traditionellen und originellen Rezepten, Tipps zum Kochen und Würzen, von Hinweisen zur optimalen Lagerung der Produkte sowie eine kleine Sortenkunde und vor allem auch Anekdoten und Kulturhistorisches zu den Rezepten und Lebensmitteln sollen dieses Buch für Sie zu einem Lesevergnügen machen und Sie zu „sinnlichem Kochen“ verführen.
Ich hoffe, Topfen, Spargel, Mohn, Most, Käse, Gans, Karpfen und viele andere regionale Produkte werden für Sie zur Herausforderung und die Erdäpfel zum „Inbegriff sanften, sättigenden Wohlbehagens“ …

Ihre
Andrea Karrer

Obst

APFEL

EINE LIEBESERKLÄRUNG

Angefangen hat es im Paradies, als Adam der Frucht in Evas Hand nicht widerstehen konnte. Die lateinische Gattungsbezeichnung des Apfels, malum (Übel), geht auf diese biblische Verführungsgeschichte zurück. Ich bin ein bisserl misstrauisch, ob der Baum der Erkenntnis wirklich Äpfel getragen haben soll, denn im Heiligen Land, wo diese schöne Geschichte niedergeschrieben wurde, gab und gibt es kaum Äpfel. Doch der Apfel wurde zu einem Leitmotiv der Kulturgeschichte, zum Symbol für Versuchung, Fruchtbarkeit, Jugend und Macht.

Menschen aßen schon vor 10 000 Jahren Äpfel. Über die Seidenstraße gelangten sie vor etwa 5000 Jahren aus Kleinasien ins Perserreich. Von dort aus fand der Apfel Eingang in die griechische Mythologie, wie etwa jener, den Eris, die Göttin der Zwietracht, bei einer Götterhochzeit unter die Gäste warf. Der Königssohn Paris sollte diesen „der Schönsten" übergeben. Er reichte Aphrodite den Apfel, der augenblicklich zum Zankapfel für die Göttinnen wurde und schließlich den Trojanischen Krieg auslöste.

Die Römer kannten bereits mehr als 22 Apfelsorten. Ein Obstbaumverzeichnis von 813 zeigt, dass Karl der Große auf seinen Gütern mit Vorliebe Apfelbäume anpflanzen ließ. Im Mittelalter haben vor allem Klöster den Apfel weiter verbreitet und veredelt, heute gibt es weltweit tausende Apfelsorten. Man unterscheidet das makellose Tafelobst, das billigere Wirtschaftsobst und die nur zum Pressen geeigneten Mostäpfel.

Die schönsten Tafeläpfel erfreuen zwar das Auge, sind aber nicht immer die aromatischsten Exemplare. Makellos und rund müssen sie heute sein, mit blitzblanken Schalen, aalglatt. Der Konsument duldet keine Berostung, wie sie für Boskop oder Kanada-Renetten nun einmal sortentypisch ist. Anspruchsvolle müssen lange suchen, bis sie schmackhafte Apfel-Klassiker finden; doch meiner Meinung nach zahlt sich die Suche aus, weil diese jedem Apfelgericht einen unvergleichlichen Geschmack verleihen, im Gegensatz zu den auf Hochglanz polierten Wasserkugeln.

Lange habe ich von einem verwunschenen Apfelgarten geträumt. Wahr wurde der Traum in Schiltern, in der „Arche Noah", einem Refugium für alte Pflanzensorten. Dort habe ich in einem Katalog geblättert und vergessene Apfelnamen und -sorten wiederentdeckt: die legendären Sopherl vom Naschmarkt, Schafnase, Kronprinz Rudolf, Berlepsch, Gravensteiner, Renetten, Maschansker …

Damit der Apfel schmeckt, muss man ihn zum richtigen Zeitpunkt ernten und essen. Denn Pflückreife und Genussreife sind nicht identisch: pflückreif ist ein Apfel dann, wenn sich der Stiel von der Ansatzstelle löst, aber genussreif ist er erst, wenn sich die Stärke im Fruchtfleisch fast ganz abbauen konnte und Zucker, Säure und Aroma in einem optimalen Verhältnis zu einander stehen.

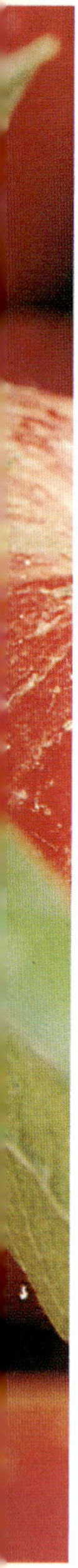

SORTEN: Empfehlenswerte Koch- und Backäpfel sind Boskop, Gravensteiner, Berlepsch, Maschansker, Cox Orange, Elstar, Schafnasen, Idared, Jonagold.

EINKAUF: Früchte ohne Druckstellen wählen, da die Äpfel an den Druckstellen leicht zu faulen beginnen. Transportieren Sie die Äpfel zur Einlagerung immer in flachen Steigen, nicht in Säcken (Druckgefahr!).

LAGERUNG: Die Qualität der Frucht wird maßgeblich durch die richtige Lagerung bestimmt: Keine überreifen Früchte einlagern. In einem kühlen, nicht zu trockenen, gut belüfteten, dunklen Raum (gleichmäßige Temperatur zwischen 1 und 5 °C, relative Luftfeuchtigkeit um 90 Prozent) sind spät reifende, lagerfähige Sorten (z. B. Jonagold, Cox Orange, Elstar, Renetten) monatelang haltbar. Hinweis: Reifende Äpfel sondern Äthylen ab, ein Gas, welches Obst und Gemüse, das gemeinsam mit Äpfeln gelagert wird, schneller welken bzw. verderben lässt.

VERARBEITUNG: Geschälte Äpfel, die nicht gleich weiterverarbeitet werden, mit Zitronensaft beträufeln, damit sie nicht braun werden. Rohe Äpfel nicht einfrieren, sie verlieren ihr Aroma und werden mehlig.

VERWENDUNGSTIPP: Erstaunlich ist, dass selbst in Kochbuch-Klassikern ein Hinweis auf die für ein Rezept jeweils am besten geeignete Sorte fehlt. Dort heißt es bestenfalls „säuerliche" Äpfel. Tatsächlich ist die Säure ein wesentliches Kriterium, damit das Aroma beim Backprozess nicht entschwindet; deshalb wird bei säurearmen „Langweilern" mit Zitronensaft nachgeholfen.

Diesen Duft und diesen vertrauten Geschmack brauche ich noch heute zu Weihnachten …

Christkindls Bratäpfel

Zutaten für 4 Portionen
Füllung:
7 dag Rosinen
1–2 Esslöffel Rum
9 dag Butter
9 dag Staubzucker
Schale von 1/4 Zitrone (unbehandelt), abgerieben
1 Dotter
15 dag Mandeln, gerieben
7 dag Mehl
1 Kaffeelöffel Zimt (gemahlen)
Prise Salz
4 Äpfel (z. B. Cox Orange, à 13 dag)
4 Zimtstangen (etwa 8 cm lang)
33 dag Blätterteig oder Plunderteig (tiefgekühlt)
Karamellsauce:
30 dag Staubzucker
1/4 l Schlagobers
2 Esslöffel Rum
Staubzucker zum Bestreuen

MITTEL
Zubereitungszeit: 45 Minuten (plus Marinierzeit der Rosinen)

Rosinen in Rum 2–3 Stunden marinieren. Zimmerwarme Butter mit Zucker, Zitronenschale cremig rühren. Dotter beifügen und schaumig rühren, Mandeln, Mehl, Zimt sowie Prise Salz nach und nach unter den Abtrieb rühren. Rosinen abtropfen lassen und untermengen. Masse etwa 20 Minuten kühl rasten lassen.
Äpfel waschen, an der Unterseite etwas begradigen, mit einem Apfelausstecher entkernen und in 5 gleichmäßige Scheiben schneiden.
Mandelcreme in einen Spritzsack mit glatter Tülle füllen, jeweils etwas von der Mandelcreme auf die Apfelscheiben spritzen und wieder zu Äpfeln zusammensetzen. Jeweils eine Zimtstange statt des Kerngehäuses in die Äpfel stecken.
Aufgetauten Blätterteig ausrollen und vier Kreise (10 cm Durchmesser) ausstechen, auf ein mit Backtrennpapier ausgelegtes Blech legen und auf jedes Teigstück einen geschichteten Apfel setzen.
Bratäpfel im vorgeheizten Rohr bei 180 °C etwa 30–35 Minuten backen.
Inzwischen für die Karamellsauce Zucker bei mittlerer Hitze in einem Topf zu dunklem Karamell schmelzen, nach und nach das Schlagobers dazugießen, so lange kochen, bis der Karamell vollkommen aufgelöst ist; Rum beifügen und unter Rühren noch 2 Minuten kochen lassen; von der Hitze nehmen.
Bratäpfel aus dem Rohr nehmen, kurz überkühlen lassen, mit Staubzucker bestreuen und mit der Sauce anrichten.

Hätte Adam weniger Gewissensbisse gehabt, wäre er von Eva mit einem Apfelstrudel verführt worden ...?

Apfelstrudel mit Milchrahm

Zutaten für 6 Portionen
Grundrezept Strudelteig:
30 dag Mehl (glatt)
4 Esslöffel Öl
Salz
3/16 l Wasser
Mehl zum Ausarbeiten
Öl zum Bestreichen
(oder 4 fertige Strudelteigblätter)
Füllung:
50 dag säuerliche Äpfel (Boskop, Maschansker)
Prise Salz
8 dag Butter
10 dag Staubzucker
Schale von 1 Zitrone (unbehandelt), abgerieben
4 Dotter
Mark von 1 Vanilleschote
1/4 l Crème fraîche
3 Eiklar
6 dag Kristallzucker
6 dag zerlassene Butter
3 Esslöffel Marillenmarmelade zum Bespritzen
1 Ei
4 dag zerlassene Butter

MITTEL
Zubereitungszeit: 1 Stunde (plus Rastzeit)

Strudelteig: Mehl sieben, in der Mitte eine Mulde machen, Öl, eine Prise Salz sowie etwa 3/4 von der Wassermenge hineingeben. Mit zwei Teigkarten von außen nach innen vermengen und anschließend mit den Händen zu einem glatten, geschmeidigen Teig verkneten. Hinweis: Die exakte Wassermenge ist vom Klebergehalt des Mehls abhängig. Teig zu einer Kugel formen, auf einen bemehlten Teller legen, mit Öl bestreichen, bei Zimmertemperatur etwa 40 Minuten rasten lassen.

Füllung: Äpfel schälen, entkernen und feinblättrig schneiden. Zimmerwarme Butter mit Zucker, Vanillemark, Salz und Zitronenschale schaumig rühren, Dotter nach und nach unterrühren. Crème fraîche beifügen. Eiklar mit Kristallzucker zu steifem Schnee schlagen und unterheben.
Teig auf einem bemehlten Strudeltuch 1 cm dick auswalken, mit den Handrücken ausziehen und mit zerlassener Butter beträufeln. Füllung auf dem unteren Teigdrittel auftragen, Äpfel gleichmäßig darauf verteilen und mit Marmelade bespritzen. Dicke Teigränder abschneiden, Seitenlängen einschlagen und Teig mit Hilfe des Strudeltuches eng einrollen. Strudel auf ein mit Backtrennpapier ausgelegtes Blech legen. Ei mit zerlassener Butter verquirlen und den Strudel damit bestreichen. Im vorgeheizten Rohr bei 170 °C etwa 35 Minuten backen. Und 10 Minuten überkühlen lassen; anzuckern und mit Kaffee-Vanille-Sauce servieren.

Geeiste Kaffee-Vanille-Sauce

Zutaten für 6 Portionen
1 Vanilleschote
125 ml Milch
4 Dotter
5 dag Zucker
1–2 Esslöffel Löskaffee
15 dag Vanilleeis

Vanilleschote auskratzen. Milch mit Mark und Vanilleschote aufkochen, von der Hitze nehmen. Dotter mit Zucker über Dampf cremig aufschlagen, Vanillemilch durch ein Sieb dazugießen, cremig aufschlagen, auskühlen lassen.
Löskaffee und Vanilleeis in die Vanillesauce rühren. Mit dem Stabmixer kräftig aufmixen, sodass eine glatte Sauce entsteht.

In allen Weltreligionen gibt es Götterspeisen, ich glaube, dass mein Reisauflauf die Bezeichnung auch verdient …

MASCHANSKER-REISAUFLAUF

Zutaten für 4 Portionen (als Hauptspeise)
10 dag Rundkornreis
Salz
1 Vanilleschote
1/4 l Milch
1/8 l Schlagobers
1/2 Zimtstange
Schale von 1 Zitrone (unbehandelt), abgerieben
50 dag Maschansker oder eine andere aromatische Apfelsorte (Cox Orange, Jonagold)
3 dag Kristallzucker
2 cl Apfelschnaps
4 dag Rosinen
2 Esslöffel Mandeln, gehackt
7 dag Butter
7 dag Staubzucker
1 Esslöffel Rum
6 Dotter
4 Eiklar
Butter und Mandeln, gerieben für die Form
2 Backoblaten
Staubzucker zum Bestreuen

AUFWÄNDIG
Zubereitungszeit: 1 Stunde 30 Minuten

Reis in kochendem Salzwasser kurz blanchieren, abseihen und gut abtropfen lassen. Vanilleschote der Länge nach aufschneiden. Mark herauskratzen. Milch mit Schlagobers, Vanillemark und Schote, Zimt sowie Zitronenschale aufkochen, Reis beifügen und bei geringer Hitze etwa 20 Minuten dünsten lassen; öfter umrühren. Milchreis auskühlen lassen. Schote und Zimtstange entfernen.
Äpfel schälen, vierteln, entkernen und quer in dünne Scheiben schneiden. Kristallzucker in einer Pfanne hell karamellisieren, Äpfel beifügen, kurz schwenken, mit Apfelschnaps aufgießen und die Äpfel bissfest dünsten. Rosinen und Mandeln untermengen, von der Hitze nehmen und überkühlen lassen.
Butter mit Staubzucker und Rum schaumig rühren, Dotter nach und nach beifügen und den Abtrieb mit dem Reis sowie der halben Apfelmasse gut vermengen. Eiklar mit einer Prise Salz steif schlagen und unterheben. Die halbe Reismasse in eine bebutterte und mit Mandeln ausgestreute Auflaufform füllen und glatt streichen. Mit Backoblaten abdecken, restliche Äpfel darauf verteilen, mit übriger Reis-Apfelmasse bedecken und glatt streichen. Reisauflauf im vorgeheizten Rohr bei 180 °C etwa 35–40 Minuten backen.
Garprobe: Reisauflauf mit einer Küchennadel anstechen. Bleibt die Nadel sauber, ist der Reisauflauf fertig.
Reisauflauf warm in Portionen teilen und mit Staubzucker bestreut anrichten. Wunderbar mit Weinchaudeau: 17 cl Weißwein (trocken), 7 dag Kristallzucker und 4 Dotter gut verrühren und– am besten mit der Schneerute – über Dampf etwa 5 Minuten dickschaumig aufschlagen. Hinweis: das Volumen soll sich verdoppeln. Sofort servieren.

In diesem Rezept verbinden sich Apfel und Erdapfel auf wunderbarste Weise …

„Himmel und Erde"

Zutaten für 4 Portionen
5 große fest kochende Erdäpfel (75 dag)
Salz
3 dag Frühstücksspeck
3 Thymianzweige
10 dag Zwiebeln
1 dag Butter
20 cl Gemüsebouillon (Würfelsuppe)
2 säuerliche Äpfel (Boskop)
Pfeffer aus der Mühle

EINFACH
Zubereitungszeit: 45 Minuten

Erdäpfel in Salzwasser etwa 8 Minuten kochen, abseihen, überkühlen lassen und schälen. Inzwischen den Speck in feine Würfel schneiden. Thymian abrebeln und grob hacken. Zwiebel schälen und fein würfelig schneiden. Speck in einer Pfanne ohne Fett glasig anrösten, Thymian dazugeben und kurz mitbraten. Butter in der Speckröstung zergehen lassen, Zwiebeln beifügen und darin hellbraun rösten. Bouillon dazugießen, aufkochen lassen, von der Hitze nehmen.
Erdäpfel schälen, in Scheiben schneiden und dachziegelartig in eine bebutterte Auflaufform legen. Dazwischen Platz für die Äpfel lassen. Äpfel schälen, vierteln, entkernen und zwischen die Erdäpfel legen. Specksuppe mit einem Löffel darüber verteilen.
Den Auflauf im vorgeheizten Rohr bei 200 °C etwa 20 Minuten backen. Anschließend 1–2 Minuten bei starker Oberhitze oder unter dem Grill 1–2 Minuten knusprig bräunen.
Aus dem Rohr nehmen, mit Pfeffer bestreuen und servieren.
Passt herrlich zu gebratener Blutwurst, Ente oder Gans.

Statt Nüssen und Rosinen verzaubert eine Zwiebel-Speck-Füllung die Sinne …

Gefüllter Speckapfel

Zutaten für 4 Portionen
1 große Zwiebel
25 dag Hamburgerspeck, in nicht zu dünne Scheiben geschnitten
1 Kaffeelöffel Butter
2 Esslöffel Schnittlauch, geschnitten
2–3 Majoranzweige
Salz
Pfeffer aus der Mühle
1 Kaffeelöffel Paprikapulver (edelsüß)
4 schöne große Äpfel, z. B. Boskop, Jonagold, Renetten
Saft von 1 Zitrone
Butter für die Form

EINFACH
Zubereitungszeit: 1 Stunde

Die Zwiebel schälen und fein würfelig schneiden. Vier Scheiben Speck in kleine Würfel schneiden und in zerlassener Butter langsam ausbraten. Die Zwiebelwürfel dazugeben und glasig rösten; Pfanne von der Hitze nehmen. Majoran von den Zweigen zupfen, mit dem Schnittlauch untermengen und mit Salz, Pfeffer sowie Paprika würzen.
Äpfel schälen und mit Zitronensaft beträufeln. Kerngehäuse mit einem Apfelausstecher herauslösen, Zwiebelmasse in die Öffnungen verteilen. Die Äpfel mit restlichen Speckscheiben umwickeln und mit je einer halben Speckscheibe die Öffnungen dekorativ verschließen.
Die Äpfel in eine feuerfeste, befettete Form setzen und im vorgeheizten Rohr bei 200 °C etwa 20–25 Minuten backen. Eventuell mit Alufolie abdecken.
Die Speckäpfel direkt aus dem Rohr als deftige Vorspeise oder kleine Jause servieren.

Verführung aus dem Suppenteller …

Sellerie-Apfelsuppe

Zutaten für 6 Portionen
60 dag Sellerie
15 dag Zwiebeln
3 säuerliche Äpfel (à etwa 10 dag) z. B. Boskop, Cox Orange
3 Esslöffel Butter
20 cl Apfelmost (trocken)
3/4 l Hühnerbouillon
etwa 15 cl Fett zum Ausbacken
Salz
1/4 l Schlagobers
Pfeffer aus der Mühle

GANZ EINFACH
Zubereitungszeit: 1 Stunde

Sellerie schälen, 10 dag im Ganzen beiseite legen. Restlichen Sellerie in 1 cm große Würfel schneiden. Zwiebel schälen und fein würfelig schneiden. 2 Äpfel schälen, vierteln, entkernen und in grobe Stücke schneiden. 2 Esslöffel Butter aufschäumen, Zwiebeln darin glasig anrösten. Sellerie- und Apfelstücke beifügen, mit Most aufgießen und bei mittlerer Hitze auf die Hälfte einkochen. Bouillon dazugießen und aufkochen. Bei mittlerer Hitze etwa 40 Minuten kochen.
Restlichen Sellerie in feine Streifen schneiden, in heißem Fett knusprig ausbacken; auf Küchenkrepp abtropfen lassen; leicht salzen. Suppe pürieren und durch ein Sieb streichen. Schlagobers dazugießen, aufkochen, mit Salz und Pfeffer abschmecken.
Restlichen Apfel schälen und in sehr kleine Würfel schneiden. Restliche Butter erhitzen, Apfelwürfel darin etwa 1 Minute schwenken, salzen und pfeffern.
Suppe mit Apfelwürfeln und knusprigen Selleriestreifen anrichten.

Es war sicher ein besonderer Apfel, für den das Paradies aufgegeben wurde, vielleicht eine Renette?

Gebackene Renetten

Zutaten für 6 Portionen
Mürbteig:
3 dag Staubzucker
12, 5 dag Butter
25 dag Mehl (glatt)
1 Ei
Prise Salz
Prise Zimt
Schale von 1 Zitrone (unbehandelt), abgerieben
Mehl (glatt) zum Ausarbeiten
Füllung:
8 Renetten (75 dag)
12 dag Butter
12 dag Zucker
2 Eiklar
Prise Zimt
6 dag Mandelblättchen
Zitronenthymian-Blätter zum Bestreuen

EINFACH
Zubereitungszeit: 40 Minuten (plus Rastzeit)

Mürbteig: Zutaten zu einem glatten Teig verarbeiten, diesen 30 Minuten kalt stellen.
Teig dünn ausrollen, Kuchenform damit auslegen. Mehrmals einstechen, mit Backpapier auslegen und mit Hülsenfrüchten bestreuen; im vorgeheizten Rohr bei 180 °C etwa 10 Minuten backen; auskühlen lassen.
Füllung: Äpfel schälen, vierteln, entkernen und in Würfel schneiden. In Butter mit etwas Zucker hellbraun braten; von der Hitze nehmen. Eiklar mit Zucker, Prise Zimt zu steifem Schnee schlagen, Mandeln unterheben.
Äpfel auf dem Kuchenboden verteilen, Mandelschnee darüber streichen und im vorgeheizten Rohr bei 200 °C etwa 15 Minuten backen. Mit Zitronenthymian-Blättern bestreuen und anrichten.

MARILLE

DER DUFT DES SOMMERS

Marillenzeit in der Wachau … Eine zarte Duftwolke schwebt einige wenige Wochen über der Landschaft, sie kommt aus Gärten, Küchen, Schnapsbrennereien, und wenn man schnuppernd dieser Fährte folgt, besteht „Suchtgefahr". Frische Marillen gibt es nur von Mitte Juli bis Anfang August, und für mich gibt es keinen besseren Anlass, in die Wachau zu fahren. Marillen aus der Wachau sind goldrosige, süß-saftige Früchte von betörendem Duft, die kaum etwas mit den harten, von ziemlich weit her geholten, halb grünen Aprikosen zu tun haben, die bestenfalls den Geschmack von säuerlichem Kohlrabi bieten. Wahrscheinlich hatte – wie so oft – Alexander der Große seine Hand im Spiel, dass die Marille aus dem fernen Osten in die Wachau kam. Er brachte sie von Asien nach Griechenland, der römische Feldherr Lukullus lernte sie dort kennen und führte sie im römischen Imperium ein, also auch an den Donaulimes. An den geschützten Hängen der Wachau fand sie einen guten Standort. Menschliche Sorgfalt und kontrastreiches Klima sorgen für Spitzenqualitäten in der Wachau. Denn Wein wie Marillen gedeihen hier auf kargem Urgesteinsboden und werden von den kühlen Winden des Waldviertels und den flimmernd heißen Luftströmen Pannoniens umspielt. Dieses Klima verleiht den Marillen eine pikante, ausgewogene Säure und eine nie aufdringliche Süße.

In der viel zu kurzen Saison lebt die ganze Landschaft für die Marille: An den Landstraßen blüht der Direktverkauf, auf dem Marillenkirtag in Spitz werden Marillenprinzessin und -prinz gefeiert, sogar einen Marillenknödelautomaten mit lustigem, buntem Gesicht gibt es. Und wenn die Musik verklungen ist, die letzten Marillen geerntet sind, überlebt der Duft des Sommers als Marmelade in Gläsern und als Marillenbrand in Flaschen …

SORTEN: Die Wachauer Marille ist innerhalb der EU als eigene Marke geschützt. Es gibt ja etwa 20 verschiedene Marillensorten, in der Wachau gibt es noch viele Bäume mit den guten alten Sorten wie „Ungarische Beste", „Ananasmarille", „Gelbe Wachauer" oder „Kremser Rosenmarille". Sie schmecken nicht nur unterschiedlich, sondern sie reifen auch nacheinander und somit hat man Zeit, die unterschiedlichsten Eigenschaften in den köstlichsten Marillenrezepten auszuprobieren. Die Intensität der Gelb- bzw. der Orangefärbung ist kein Hinweis auf den Reifezustand, bestimmte Sorten behalten auch ausgereift ihre gelbe Farbe.

EINKAUF: Nur vollreife Früchte entfalten das intensive Aroma, das man am Duft erkennt. Manche Sorten haben als Zeichen der Reife kleine braune Punkte auf der Haut. Unbedingt auf Früchte ohne Druckstellen achten. Hinweis: Am Baum nicht voll ausgereifte Früchte reifen nicht mehr nach!

LAGERUNG: Reife Marillen sind nur ganz kurz lagerbar – Hamsterfahrten über größere Distanzen kann man vergessen: Da verwandeln sich die samtigen Früchte in klebrigen Matsch.

TIEFKÜHLTIPP: Marillen eignen sich sehr gut zum Einfrieren. Dafür die Früchte halbieren, entkernen und einzeln anfrieren, danach in Tiefkühlsäcke füllen und einfrieren. So sind sie etwa 4–6 Monate lagerbar.

Meine Großmutter hat Marillen immer nur eingekocht, „wenn man sie mit zwei Fingern zerdrücken kann, um den Kern zu entfernen".

Marillenmarmelade

Zutaten für 6 Gläser (à 1/4 Liter)
1 kg gut reife Marillen, gewaschen und entkernt
40 dag Kristallzucker
Saft von 1 Zitrone
Schale von 1/2 Zitrone
3 Esslöffel Marillenbrand

LEICHT
Zubereitungszeit: etwa 1 Stunde (plus Marinierzeit)

Marillen groß würfelig schneiden. Früchte mit Zucker, Zitronensaft und -schale in einem hohen Topf vermengen und einige Stunden – am besten über Nacht – ziehen lassen. Aufkochen und unter ständigem Rühren etwa 15–20 Minuten sprudelnd kochen, bis die Marillen eingedickt sind. Hinweis: Den aufsteigenden Schaum immer wieder abschöpfen. Marmelade noch heiß in saubere Gläser füllen, mit Marillenbrand übergießen, anzünden und die Gläser sofort verschließen.
Tipp: Eventuell 1/16 l Marillenlikör unter die fertige Marillenmarmelade rühren.

Eine Variante von vielen …

Marillenknödel

Zutaten für 8 Stück
Erdäpfel-Topfenteig:
20 dag mehlige Erdäpfel
1 Ei
4 dag Butter
15 dag Topfen (20 %)
Prise Salz
3 dag Weizengrieß
12 dag Mehl (glatt)
1 Packung Vanillezucker
Mehl (griffig) zum Ausarbeiten
8 kleine Marillen
8 Stück Würfelzucker
1 Kaffeelöffel Zucker
1 Esslöffel Rum
Butterbrösel (s. S. 39)
Staubzucker zum Bestreuen

AUFWÄNDIG
Zubereitungszeit: 60 Minuten (plus Rastzeit)

Erdäpfel-Topfenteig: Erdäpfel kochen, schälen und noch warm zweimal durch die Erdäpfelpresse drücken; zugedeckt etwas überkühlen lassen. Mit dem Ei, weicher Butter, Topfen, Prise Salz, Grieß, Mehl und Vanillezucker rasch zu einem glatten Teig verarbeiten; nochmals zugedeckt etwa 30 Minuten kalt stellen. Marillen entkernen und mit je einem Stück Würfelzucker füllen. Teig auf einer bemehlten Arbeitsfläche zu einer Rolle formen und diese in acht Portionen teilen; jede Portion mit einer Marille belegen, mit bemehlten Händen zu Knödel formen. Knödel in mit Zucker, Rum und ein wenig Salz versetztes kochendes Wasser einlegen und bei geringer Hitze garen, bis sie aufsteigen.
Knödel gut abtropfen lassen und in den Bröseln wenden, anrichten und bezuckern.

Die Leichtigkeit des Seins mit Sommeraroma …

Marillen-Topfentorte

Zutaten für 10 Stück
Mürbteig:
10 dag Staubzucker
20 dag Butter
30 dag Mehl (glatt)
1 Ei (S)
Prise Salz
Mehl (griffig) zum Ausarbeiten
Fülle:
10 reife kleine Marillen
4 cl Marillenlikör
1 Esslöffel Staubzucker
Topfenmasse:
3 Eier
8 dag Butter
5 dag Staubzucker
1/2 Packung Vanillezucker
Schale von 1/2 Zitrone (unbehandelt), abgerieben
25 dag Topfen
5 dag Kristallzucker
Staubzucker zum Bestreuen
geschmolzene Bitterschokolade

AUFWÄNDIG
Zubereitungszeit: 1 Stunde (plus Rastzeit)

Mürbteig: Zutaten mit einer Prise Salz rasch zu einem glatten Teig verarbeiten, in Frischhaltefolie wickeln und etwa 45 Minuten kalt stellen.
Fülle: Marillen waschen, gut abtrocknen, halbieren, entsteinen und behutsam mit Likör sowie Zucker vermengen.
Teig auf einer leicht bemehlten Arbeitsfläche zu einer dünnen Scheibe (28 cm Durchmesser) ausrollen, in eine Springform einlegen, Teig mit den Fingern an den Formrand drücken. Teig mit einer Gabel mehrmals einstechen und im vorgeheizten Rohr bei 180 °C etwa 10 Minuten backen; aus dem Rohr nehmen und auskühlen lassen.
Eier trennen. Weiche Butter mit Staubzucker, Vanillezucker, Dottern, Zitronenschale schaumig rühren. Topfen behutsam untermengen. Eiklar mit Kristallzucker zu steifem Schnee schlagen und unter die Dottermasse heben.
Marillenhälften mit der Schnittfläche nach unten auf dem Kuchenboden verteilen, mit Topfencreme überziehen und die Torte im vorgeheizten Rohr bei 180 °C etwa 30 Minuten backen. Aus dem Rohr nehmen, überkühlen lassen. Vor dem Servieren bezuckern und mit geschmolzener Bitterschokolade verzieren.

Marillen werden noch aromatischer, wenn man sie erwärmt – und Früchtesuppen müssen nicht immer süß sein:

Marillensuppe mit Gewürzkaramell

Zutaten für 4 Portionen
40 dag Marillen
25 dag Schalotten
1 Knoblauchzehe
1 rote Chilischote
1–2 Esslöffel Öl
1 Esslöffel Kristallzucker
25 cl Weißwein (trocken)
10 cl l Marillensaft
1/4 l Gemüsebouillon
Salz
Pfeffer aus der Mühle
1/8 l Schlagobers
1/2 Lorbeerblatt
Gewürzkaramell:
1/2 Kaffeelöffel Korianderkörner (getrocknet)
2 Pimentkörner
1 Messerspitze Kreuzkümmel
1/2 Kaffeelöffel weißer Pfeffer
2 dag Kristallzucker
4 Esslöffel Joghurt zum Garnieren

MITTEL, RAFFINIERT
Zubereitungszeit: 1 Stunde

Gewürzkaramell: Koriander, Piment, Kreuzkümmel und Pfeffer in einer Pfanne ohne Fett bei geringer Hitze etwa 1 Minute rösten. Zucker in einer Pfanne hellbraun karamellisieren, Gewürze dazugeben, kurz durchrühren und den Gewürzkaramell sofort auf ein Backtrennpapier gießen; vollständig auskühlen lassen. Karamell in einem Mörser fein zerstoßen oder fein hacken.
Suppe: Marillen waschen, halbieren und entkernen. Schalotten und Knoblauch schälen, fein würfelig schneiden. Chilischote längs halbieren, entkernen und klein würfelig schneiden. Öl erhitzen und Schalotten, Knoblauch sowie Chili darin ohne Farbe anrösten, mit Zucker bestreuen und karamellisieren lassen, Marillen beifügen, mit Weißwein aufgießen, etwas einkochen lassen, Marillensaft, Gemüsebouillon, Schlagobers und 20 cl Wasser dazugießen. Lorbeerblatt beifügen. Suppe bei mittlerer Hitze etwa 20 Minuten kochen lassen; Lorbeerblatt entfernen und mit Salz sowie Pfeffer abschmecken. Suppe pürieren und durch ein Sieb streichen. Suppe mit jeweils 1 Esslöffel Joghurt und Gewürzkaramell anrichten.

Ein „Steckerlobst"-Rezept aus meiner Kindheit, das man auch vom Teller essen kann:

Marillenspatzen

Zutaten für 4 Portionen (als Nachspeise)
75 dag Marillen
1 Esslöffel Kristallzucker
Prise Zimt
Backteig:
2 Eier
1/8 l Weißwein (trocken)
2 cl Marillenschnaps
2 dag Butter
3 dag Kristallzucker
1 Packung Vanillezucker
Prise Salz
16 dag Mehl
Fett zum Ausbacken
Staubzucker zum Bestreuen

EINFACH
Zubereitungszeit: 30 Minuten (plus Rastzeit)

Marillen waschen, halbieren und entkernen. Marillen mit Zucker und Zimt marinieren. Backteig: Eier trennen. Dotter mit Weißwein, Marillenschnaps, flüssiger Butter, Kristall- und Vanillezucker sowie Prise Salz verrühren. Mehl nach und nach unterrühren und den Teig etwa 15 Minuten rasten lassen. Eiklar zu steifem Schnee schlagen und unterheben. Marillen durch den Backteig ziehen und in heißem Fett bei mittlerer Hitze etwa 2 Minuten schwimmend ausbacken. Auf Küchenkrepp gut abtropfen lassen und mit Staubzucker bestreuen.
Vanillerahm passt sehr gut zu den gebackenen Marillenspatzen: 1/4 l Sauerrahm mit abgeriebener Schale von 1 Zitrone (unbehandelt), 1 Esslöffel Staubzucker sowie Mark von 1/2 Vanilleschote verrühren.

Dieser Marillenkuchen ist ein altes Rezept meiner Anna-Tant'. Er wurde meistens einen Tag vor dem Genuss gebacken und dadurch besonders saftig.

Saftiger Marillenkuchen

Zutaten für etwa 10 Portionen
75 dag Marillen
21 dag Butter
30 dag Staubzucker
2 Packungen Vanillezucker
Schale von 1 Zitrone (unbehandelt), abgerieben
1 Messerspitze Zimt
9 Eier
Prise Salz
24 dag Semmelbrösel
15 dag Marillenmarmelade
Butter und Brösel für die Form
Staubzucker zum Bestreuen

EINFACH
Zubereitungszeit: 1 Stunde 15 Minuten

Marillen waschen, entkernen, in Spalten schneiden und auf Küchenpapier gut abtropfen lassen. Zimmerwarme Butter mit Staubzucker, Vanillezucker, Zitronenschale und Zimt schaumig rühren. Eier trennen und Dotter nach und nach unterrühren. Eiklar mit Prise Salz zu festem Schnee schlagen. Semmelbrösel mit dem Eischnee abwechselnd unter den Dotterabtrieb heben.
Teig in eine befettete, mit Bröseln ausgestreute Form (26 cm Durchmesser) streichen und mit den Marillen belegen. Im vorgeheizten Rohr bei 170°C etwa 60 Minuten backen.
Kuchen in der Form auskühlen lassen. Marmelade aufkochen und den Kuchen damit bestreichen. Vor dem Servieren mit Staubzucker bestreuen.

Lauwarm schmeckt mein Marillenstrudel einfach unwiderstehlich!

Marillenstrudel

Zutaten für 6 Portionen (als Dessert)
60 dag reife Marillen
8 dag Butter
6 dag Staubzucker
Schale von 1 Zitrone (unbehandelt), abgerieben
3 Dotter
1/2 Kaffeelöffel Zimt (gemahlen)
2 Esslöffel Marillenschnaps
2 Eiklar
Prise Salz
5 dag Mandeln, gerieben
2 dag Biskottenbrösel
1 Packung Blätterteig (330 g)
Mehl (glatt) zum Ausarbeiten
1 Ei
Staubzucker zum Bestreuen

MITTEL
Zubereitungszeit: 1 Stunde

Marillen waschen, trocken tupfen, halbieren, entkernen und eventuell vierteln.
Butter mit Zucker und Zitronenschale schaumig rühren. Dotter nach und nach unterrühren. Zimt und Marillenschnaps beifügen. Eiklar mit Prise Salz zu steifem Schnee schlagen und unterheben. Mandeln sowie Brösel unterziehen. Marillen untermengen. Blätterteig auf einer bemehlten Arbeitsfläche dünn ausrollen. Füllung als Streifen am mittleren Teigdrittel auftragen, ein leeres Teigdrittel darüber legen, Teigrand mit verquirltem Ei bestreichen, zweites Teigdrittel darüber klappen. Strudel an den Enden zusammendrücken und mit der Verschlussseite nach unten auf ein mit Backtrennpapier ausgelegtes Blech legen; mit restlichem verquirlten Ei bestreichen, in Abständen von 2 cm mit einem scharfen Messer quer einschneiden und im vorgeheizten Rohr bei 180 °C etwa 35 Minuten backen. Etwas überkühlen lassen, mit Staubzucker bestreuen, in Portionen teilen und noch warm anrichten. Dazu schmeckt sehr gut Pistazieneis.

Anmerkung: Selbst gemachter Blätterteig zählt zwar zur Kür einer jeden Köchin, aber wenn ich ehrlich bin, so ist der fertige Blätterteig eine wahre Wonne für mich, weil ich mich ganz der Fülle hingeben kann.

ERDBEERE

ROT WIE DIE LIEBE, ZART WIE EIN KUSS …

Wie kaum eine andere verkörpert diese Frucht für mich den Sommer, Lebensfreude und unbeschwerte Sinnlichkeit. Ein winziges Erdbeerbeet hatte meine Omi, und ich konnte mich nie beherrschen, wenn ich daran vorbeiging. Es war dieser betörende Duft, dem ich nicht widerstehen konnte, dieses verlockende Rot – ich musste naschen. Behutsam pflückte ich mir eine Erdbeere, ließ sie durch leichten Druck zwischen Zunge und Gaumen ganz langsam zergehen, kostete ihre Süße aus …

Vieles konnte man den Erdbeeren anzüchten, nur ihr Aroma bleibt einzigartig – denn nicht weniger als 150 Komponenten bestimmen Duft und Geschmack! Man besinnt sich heute wieder auf alte Sorten, etwa die „Schöne Wienerin", „Königin Luise", „König Albert von Sachsen", „Frau Mieze Schindler", „Direktor Paul Wallbaum" oder schlicht und einfach „Johannes Müller". Außerhalb der Saison sollten wir uns nicht wundern über Früchte, die zwar zum Malen und Fotografieren taugen, aber eher schal und schlabbrig schmecken.

Die Erdbeere, die „Königin der Beeren", zählte bereits in der Antike zu den beliebtesten Obstsorten. Der römische Dichter Vergil pries die duftenden roten Früchte schon im Jahr 19 vor Christus in den höchsten Tönen. Bei den alten Germanen galten die Erdbeeren als Symbol für Sinnesfreuden und Sinnbild der Verlockung (was ja durchaus verständlich ist), aber das hatte keinerlei kulinarischen Konsequenzen. Wahrscheinlich waren die kleinen Walderdbeeren nicht ergiebig genug! Die ersten Kreuzungen von Erdbeeren entstanden in Amerika und kamen Anfang des 17. Jahrhunderts zur Zeit des Sonnenkönigs mit dem französischen Kapitän Frézier nach Europa. Der hat ihnen auch seinen Namen gegeben: „fraises" heißen sie in Frankreich. Aus der kleinen amerikanischen „Scharlach-Erdbeere" und der großfruchtigen „Schönen von Chile" entstand die Ahnfrau unserer heutigen Erdbeersorten.

Doch die Erdbeere hat nicht nur kulinarische Qualitäten, der Botaniker Karl von Linné (1707–1778) empfahl sie als Mittel gegen Gicht und Van Swieten, der Leibarzt Maria Theresias, verschrieb seiner Patientin Erdbeermark zur Stärkung ihrer Abwehrkräfte. Man reichte die Erdbeere bei Hof als Vorgericht mit viel Zucker; Karl V. liebte sie gebraten, mit gelben Stiefmütterchen garniert.

SORTEN: Schon 1776 zählte Antoine Nicholas Duchesne in seiner Naturgeschichte der Erdbeere bereits 300 Sorten auf, mittlerweile gibt es noch mehr. Am allerbesten schmecken natürlich Walderdbeeren, keine Frage – allerdings ist das Finderglück einem nicht immer hold.

EINKAUF: Die Reifeprüfung macht man am besten mit der Nase. Wählen Sie kleine, dunkle, trockene Früchte. Erdbeeren verderben sehr rasch, kontrollieren Sie abgepackte Früchte, oft sind die unteren schimmelig.

LAGERUNG: Erdbeeren möglichst rasch verbrauchen. Maximal zwei Tage in einer Schüssel – mit Frischhaltefolie zugedeckt – im Kühlschrank aufbewahren.

VERARBEITUNG: Beeren unmittelbar vor dem Verzehr sorgfältig in einer Schüssel mit kaltem Wasser sanft überbrausen und auf mehreren Lagen Küchenkrepp gut abtropfen lassen, danach erst Stiel und Kelchblätter entfernen. So bleiben Aroma und Vitamine voll erhalten.

EINFRIEREN: Erdbeeren lassen sich gut einfrieren, als Püree und im Ganzen. Am besten auf einem Tablett einzeln auflegen, anfrieren, eventuell zuckern, danach verpacken und tiefkühlen.

VERWENDUNGSTIPP: Erdbeeren sind unglaublich vielseitig: Sie eignen sich für fast alle Süßspeisen, für Milchmixgetränke, zum Belegen von Kuchen und Torten und sogar als Käsebegleitung oder in Spargelsalat.
Hinweis: Erdbeeren sollten Sie nur mit Zutaten würzen, die ihr Aroma unterstützen, nicht unterdrücken. Neben Zucker und Vanillezucker sind es vor allem Zitronen-, Limetten- und Orangensaft, die den Erdbeergeschmack noch verstärken. Wer die Früchte mit Alkohol aromatisieren möchte, kann das mit trockenem Rot- oder Weißwein tun, mit Portwein, Orangenlikör, einem milden Obstgeist oder auch mit einem Spritzer Rum.
Kompott, Marmelade und Eis können Sie mit Zimt, Vanilleschoten, Sternanis verfeinern.
Erdbeeren harmonieren auch sehr gut mit frisch gemahlenem Pfeffer und Balsamessig.
Christian Petz röstet Fenchelsamen, mörsert sie fein und streut sie dann über Erdbeeren, eine unvergleichliche Harmonie, die ich für mein Erdbeerkompott übernommen habe.
Es war für mich eine wahre Herausforderung, Erdbeerrezepte zu entwickeln, denn eigentlich esse ich Erdbeeren am liebsten ohne alles, eventuell mit etwas Zucker bestreut – aber vollreif müssen sie sein.

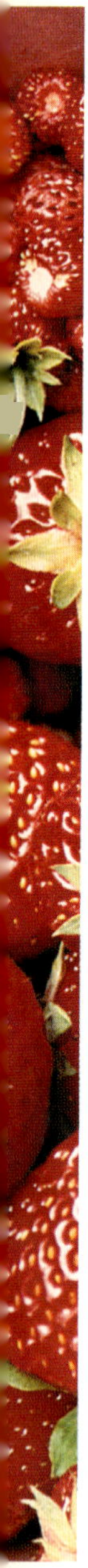

Vielleicht hätten Karl V. auch meine gebratenen Erdbeeren mit Estragon begeistert?

Gebratene Erdbeeren mit Estragon

Zutaten für 4 Portionen
2 Orangen (unbehandelt)
Salz
22 dag Kristallzucker
70 dag feste, kleine Erdbeeren
7 dag Butter
1/4 Schlagobers
1 Kaffeelöffel französischer Estragon, fein geschnitten

EINFACH
Zubereitungszeit: 45 Minuten (plus Marinierzeit)

Orangen sehr dünn schälen, weiße Häutchen entfernen. Die Orangenschalen in sehr feine Streifen schneiden und in Salzwasser etwa 10 Minuten kochen; abseihen und gut abtropfen lassen.
1/8 l Wasser mit 17 dag Zucker wallend zu einem Sirup kochen. Orangenschalen beifügen und etwa 5 Minuten bei geringer Hitze kochen lassen; von der Hitze nehmen und die Orangenschalen mindestens 6 Stunden im Sirup ziehen lassen.
Orangen auspressen. Erdbeeren waschen, putzen, auf Küchenpapier gut abtropfen lassen.
Butter in einer Pfanne schaumig schmelzen lassen, Erdbeeren darin bei geringer Hitze etwa 4 Minuten braten, Orangensaft und restlichen Zucker beifügen, einkochen, bis die Sauce sämig ist. Schlagobers steif schlagen, Orangenschalen mit dem Estragon zu den Erdbeeren geben, in tiefen Tellern anrichten, mit Schlagobers garniert sofort servieren.

Eine Köstlichkeit, die selbst im tiefsten Winter den Sommer heraufbeschwört:

Erdbeer-Halbgefrorenes

Zutaten für 6 Portionen
40 dag Erdbeeren
Saft von 1/2 Zitrone
10 dag Biskotten
4 Esslöffel Orangenlikör
1/2 l Schlagobers
3 Eier
4 Dotter
1 Packung Vanillezucker
18 dag Kristallzucker
Prise Salz

MITTEL
Zubereitungszeit: 35 Minuten (plus Kühlzeit)

Erdbeeren waschen, putzen und gut abtropfen lassen, mit Stabmixer pürieren; Zitronensaft einrühren. Biskotten in kleine Würfel schneiden, mit Orangenlikör beträufeln. Schlagobers steif schlagen und kalt stellen. Eier, Dotter, Vanille- und Kristallzucker mit einer Prise Salz glatt rühren und über Dampf mit einer Schneerute schaumig aufschlagen. Hinweis: Das Volumen muss sich verdoppeln. Von der Hitze nehmen, über Eiswasser kalt schlagen. Erdbeerpüree unterrühren. Biskotten abwechselnd mit Schlagobers unterheben. Eine Rehrückenform (26 cm Länge) mit Klarsichtfolie auslegen, Parfaitmasse einfüllen, glatt streichen, mit Folie zudecken und etwa 5–6 Stunden tiefkühlen. Hinweis: Parfait vor dem Anrichten etwa 30 Minuten im Kühlschrank antauen lassen.
Marinierte Erdbeeren schmecken dazu besonders gut: 40 dag Erdbeeren waschen, putzen, vierteln und mit 3 Esslöffeln Kristallzucker sowie 2 Esslöffeln Orangenlikör vermengen, 15 Minuten ziehen lassen.

Überbackene Arme Ritter mit Erdbeeren

Zutaten für 4–6 Portionen
30 dag Striezel
10 dag Butter
4 dag Kristallzucker
7–8 Esslöffel Mandellikör
50 dag Erdbeeren
3 Esslöffel Orangensaft
3 Eier
Mark von 1 Vanilleschote
10 dag Staubzucker
Prise Salz
Schale von 1 Orange (unbehandelt), abgerieben
50 dag Topfen (20 %)
1 dl Schlagobers
Butter und Kristallzucker für die Form
Staubzucker zum Bestreuen

EINFACH
Zubereitungszeit: 1 Stunde

Striezel in Scheiben schneiden, die Scheiben halbieren und in zerlassener Butter nacheinander beidseitig anbraten. Mit Zucker bestreuen und bei geringer Hitze etwa 1 Minute weiter braten, bis der Zucker leicht karamellisiert. Striezel aus der Pfanne nehmen, in eine Schüssel legen und mit Mandellikör beträufeln.
Erdbeeren waschen, putzen, halbieren und mit Orangensaft marinieren.
Eier trennen. Dotter mit Vanillemark, 4 dag Staubzucker, Prise Salz und Orangenschale mit dem Handrührgerät schaumig rühren. Topfen mit Hilfe eines Küchentuches ausdrücken und nach und nach unter die Dottermasse mengen. Eiklar mit restlichem Zucker zu steifem Schnee schlagen. Schlagobers steif schlagen und abwechselnd mit dem Schnee unter die Topfenmasse heben.
Auflaufform gut befetten und mit Zucker ausstreuen, 3/4 der Striezelscheiben hineinlegen, restliche Scheiben grob würfelig schneiden. Etwa 40 dag Erdbeeren auf den Striezelscheiben verteilen, Zwischenräume mit Striezelwürfel ausfüllen. Topfenmasse gleichmäßig darauf verteilen. Im vorgeheizten Rohr bei 170 °C etwa 25–30 Minuten backen. Auflauf aus dem Rohr nehmen, mit den restlichen Erdbeeren garnieren und mit Staubzucker bestreut sofort servieren.

Diese Palatschinken sind ein Hauptgericht …

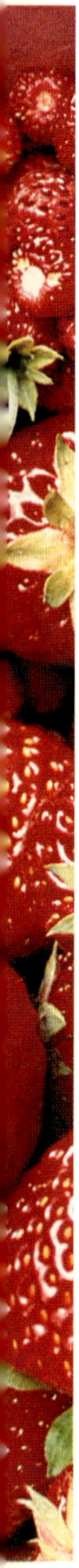

Germpalatschinken mit Topfen und Pfeffererdbeeren

Zutaten für 4–6 Portionen
Germpalatschinkenteig:
1 dag frische Germ
3/16 l Milch
10 dag Mehl (glatt)
Prise Zucker
3 Eier
Prise Salz
2 Esslöffel zerlassene Butter
Schale von 1/2 Zitrone (unbehandelt), abgerieben
1 Packung Vanillezucker
Butter zum Ausbacken
Pfeffererdbeeren:
50 dag Erdbeeren
6 dag Staubzucker
1/2 Kaffeelöffel Zitronensaft
1 Kaffeelöffel grüner Pfeffer, grob zerstoßen
Füllung:
15 dag Topfen (20 %)
3 Esslöffel Sauerrahm
5 dag Staubzucker
Schale von 1/2 Zitrone (unbehandelt), abgerieben
Prise Salz
8 cl Schlagobers
Mark von 1 Vanilleschote

MITTEL
Zubereitungszeit: 45 Minuten

Germpalatschinken: Dampfl: 1/16 l Milch leicht erwärmen und mit zerbröselter Germ, etwa 2 Esslöffel vom Mehl sowie Prise Zucker verrühren. Mit wenig Mehl bestreuen und an einem warmen Ort zugedeckt etwa 15 Minuten „gehen“ lassen. Das Volumen muss sich verdoppeln.

Eier trennen. Dotter mit Prise Salz, zerlassener Butter, dem restlichen Mehl und dem Dampfl glatt rühren. Eiklar mit Vanillezucker zu steifem Schnee schlagen und behutsam unterheben. Aus dem Teig in heißem Fett Palatschinken backen. Die Palatschinken bis zum Füllen warm stellen.

Pfeffererdbeeren: Erdbeeren waschen, putzen und vierteln. Die halbe Menge mit Staubzucker verrühren, einmal aufkochen, von der Hitze nehmen und mit dem Stabmixer pürieren. Restliche Erdbeeren, Zitronensaft und Pfeffer untermengen.

Füllung: Topfen mit Sauerrahm, Staubzucker, Zitronenschale, Vanillemark und einer Prise Salz gut verrühren. Schlagobers steif schlagen und unterheben.

Palatschinken mit Füllung bestreichen, jeweils einen Esslöffel Pfeffererdbeeren darauf verteilen, Palatschinken einrollen und mit Staubzucker bestreut servieren.

Anmerkung: Die Urform des Brotes, geröstete Fladen, wurde im Laufe der Zeit mit Honig, später mit Zucker versetzt und irgendwann von böhmischen Köchinnenn zu üpppigen Germpalatschinken verfeinert …

Ein Grießschmarren appelliert heut noch an das Kind in mir, das bei Grießkoch mit Zucker und Zimt sehr glücklich war …

Karamell-Griessschmarren mit Walderdbeer-Fenchel-kompott

Zutaten für 2 Portionen
Mark von 1 Vanilleschote, Schote aufheben
1/4 l Milch
5 dag Butter
1 Esslöffel Kristallzucker
Prise Salz
7 dag Weizengrieß
Schale von 1 Zitrone (unbehandelt), abgerieben
1 Kaffeelöffel Rum
4 Eier
Karamell:
2 Esslöffel Kristallzucker
5 dag Butter
Saft von 1/2 Zitrone
Staubzucker und Zimt zum Bestreuen

RAFFINIERT
Zubereitungszeit: 40 Minuten (plus Quellzeit)

Milch mit Vanillemark und Schote, Butter, Zucker sowie Prise Salz aufkochen. Grieß dazugeben, unter ständigem Rühren aufkochen; von der Hitze nehmen, zugedeckt etwa 10 Minuten quellen lassen. Vanilleschote entfernen. Zitronenschale und Rum unterrühren. Eier trennen, Dotter nach und nach unter die Grießmasse rühren und diese etwa 30 Minuten kalt stellen.
Karamell: Zucker hellbraun karamellisieren. Butter und Zitronensaft beifügen und so lange rühren, bis sich der Zucker aufgelöst hat; von der Hitze nehmen. Eiklar steif schlagen, unter die Grießmasse heben. Masse auf dem Karamell verteilen und im vorgeheizten Rohr bei 170 °C etwa 20 Minuten backen. Mit einem Löffel Nocken abstechen, mit Staubzucker und Zimt bestreut servieren.

Walderdbeer-Fenchelkompott

Zutaten für 4 Portionen
12 dag Zucker
50 dag Walderdbeeren
eventuell Saft von 1 Zitrone
1/2 Kaffeelöffel Fenchelsamen

1/8 l Wasser mit Zucker etwa 2 Minuten wallend kochen, von der Hitze nehmen und etwas abkühlen lassen. Erdbeeren waschen, putzen und eventuell halbieren, mit dem lauwarmen Läuterzucker vermengen und eventuell mit Zitronensaft abschmecken. Fenchel ohne Fett rösten, aus der Pfanne nehmen und sehr fein mörsern oder mahlen. Über das Kompott streuen.
Tipp: Dieses Walderdbeer-Fenchelkompott schmeckt auch wunderbar als Beeren-Cocktail: 4 Dotter, 8 dag Staubzucker mit 14 cl Rotwein, Schale von 1 Orange über Dampf schaumig aufschlagen, von der Hitze nehmen und kalt schlagen. Walderdbeer-Fenchelkompott in Gläser füllen, Rotwein-Chaudeau darüber gießen und mit Zitronenmelisse garniert sofort servieren.
Anmerkung: Schmalz, Milch, Mehl – das waren die drei Zutaten, die arme Bauern sich leisten konnten für einen Schmarren. Es war eine deftige Mahlzeit, die hauptsächlich von Holzknechten oder Sennern am offenen Feuer zubereitet wurde und Kraft für einen langen Arbeitstag gab. Idealtypisch außen knusprig, innen flaumig und locker und somit „salonfähig" wurde er in bürgerlichen Haushalten, als dem Schmarren durch aufgeschlagenen Schnee lockere Luftigkeit, durch Zucker verlockende Süße und durch Butter schmelzende Feinheit verliehen wurde.

Rot wie die Liebe, zart wie ein Kuss …

Erdbeerknödel (Topfenteig)

Zutaten für 12–14 Stück
1 Ei
5 dag Butter
6 dag Weizengrieß
Salz
Schale von 1/2 Zitrone (unbehandelt), abgerieben
25 dag Topfen (10%)
6 dag Mehl (glatt)
12–14 kleine Erdbeeren
Mehl (griffig) zum Ausarbeiten
1 Kaffeelöffel Zucker
1 Esslöffel Rum
Butterbrösel:
12 dag Butter
1 Packung Vanillezucker
10 dag Semmelbrösel
Prise Zimt
Staubzucker zum Bestreuen

MITTEL
Zubereitungszeit: etwa 1 Stunde (plus Kühlzeit)

Ei trennen. Butter mit Dotter schaumig rühren. Grieß, Zitronenschale, Prise Salz und Topfen unterrühren. Eiklar zu steifem Schnee schlagen und abwechselnd mit dem Mehl unter den Teig ziehen. Etwa 45 Minuten im Kühlschrank rasten lassen. Erdbeeren waschen, putzen und abtrocknen. Teig in etwa 12–14 gleich große Portionen teilen, jede Portion flach drücken, mit jeweils einer Erdbeere belegen und zu Knödel formen. Knödel in mit Zucker, Rum, wenig Salz versetztes kochendes Wasser einlegen, bei geringer Hitze so lange kochen, bis die Knödel an die Oberfläche steigen.
Butterbröseln: Butter in einer Pfanne aufschäumen lassen, Vanillezucker beifügen, kurz durchrühren, Brösel sowie Prise Zimt untermengen und unter Rühren knusprig rösten; von der Hitze nehmen.
Knödel mit einem Lochschöpfer aus dem Wasser heben, gut abtropfen lassen und in den gerösteten Bröseln wenden, bezuckern und mit Sauerrahmsauce servieren.
Sauerrahmsauce: 1/4 l Sauerrahm mit 1 Esslöffel Staubzucker, Mark von 1 Vanilleschote sowie den Saft von 1/2 Zitrone glatt rühren.

ZWETSCHKE

DIE HERRLICHKEIT AUF ERDEN …

Meine Großmutter konnte mitten im Winter duftende Sommer- und Herbstfrüchte auf den Tisch hexen. In unserer kleinen Speisekammer harrte in geheimnisvollen Töpfen und Gläsern die Ernte eines Jahres der kunstvollen Verzauberung durch meine Oma, wie etwa der Powidl, der in Steintöpfen gelagert und dann als süße Magenschmiere in Buchteln, Golatschen und Germknödel gefüllt wurde. Gott sei Dank bleibt uns heute die stundenlange Einkochorgie für diese böhmische Zwetschkenmarmelade erspart! Die Ehrfurcht vor den Hausfrauen jener Zeit, die keine Konservierungsfabriken, keine Tiefkühlschränke und keine Haushaltsmaschinen kannte, ergreift mich jedesmal, wenn ich das „Ur-Rezept für böhmischen Zwetschkenlatwerge" – heute Powidl – lese.
Im Spätsommer, reif vom Baum gepflückt, knapp vorm Aufplatzen, schmecken Zwetschken am besten, herrlich aromatisch süß und fein säuerlich gleichzeitig.
Ihre mild abführende Wirkung war zu jeder Zeit bekannt. Schon die Römer haben die Zwetschke unter der Bezeichnung „Pflaume aus Damaskus" aus ihrer Urheimat Kleinasien nach Europa gebracht, unter Karl dem Großen wurde sie veredelt und breitete sich in ganz Europa aus. Vor 200 Jahren wurde sie einmal sogar kurzerhand wegen ihrer abführenden Wirkung verboten, doch das tat ihrer Popularität keinen Abbruch. Ob in süßen Speisen oder in Fleisch- oder Geflügelgerichten ist sie aus der europäischen Küche nicht mehr wegzudenken. Und nicht zu vergessen – zu Sliwowitz gebrannt, haben Zwetschken auch als flüssiges Schmankerl große Beliebtheit erlangt.
Wer sich in das botanische Wesen der Zwetschken vertieft, den packt sehr bald die helle Verzweiflung: Diese Frucht ist schwer zu fassen! Viele verwandte Formen sind im Laufe der Jahrhunderte entstanden, hier ein grober Überblick:

SORTEN: Zwetschken gehören zur großen Familie der Pflaumen, die viele bekannte Verwandte hat, unter anderen die Mirabellen und Ringlotten.
Pflaumen sind meist früher reifend, eher rund geformt, deutlich größer als die Zwetschken und sehr süß. Sie haben weiches Fruchtfleisch, das beim Kochen zerfällt, und einen Stein, der eng mit dem Fruchtfleisch verbunden ist.
Zwetschken haben eine etwas länglichere Form, süßsäuerliches, festes Fruchtfleisch und einen leicht löslichen Kern. Besonders gut schmecken die kleinen so genannten Hauszwetschken.
Mirabellen sind klein und rund, meist gelb mit roter Punktierung und schmecken sehr süß.
Ringlotten oder Reineclauden sind rundlich, größer als Pflaumen und Zwetschken, gelblich, grünlich oder auch rötlich-violett gefärbt, haben ein sehr aromatisches süßes Fruchtfleisch, welches sich schwer vom Stein löst.

EINKAUF: Zwetschken sind sehr empfindlich, werden sehr schnell ganz weich und beginnen auch leicht zu faulen – kaufen Sie sehr reife Zwetschken nur dann, wenn Sie die Früchte innerhalb weniger Stunden verarbeiten können. Hinweis: Achten Sie auf Zwetschken, die mit einer natürlichen, weißen Schicht überzogen sind. Dieser „Wachsfilm" schützt die Früchte vor dem Austrocknen. Deshalb sollte man Zwetschken erst unmittelbar vor dem Verzehr oder der Weiterverarbeitung waschen.

LAGERUNG: Je nach Sorte und Reife sind Zwetschken im Gemüsefach des Kühlschranks zwei bis fünf Tage lagerbar.

EINFRIEREN: Ausgereifte, aber nicht zu weiche Zwetschken kann man sehr gut einfrieren.

VERARBEITUNGSTIPP: Das blaue Wunder schmeckt nicht nur direkt vom Baum herrlich, es lassen sich auch köstliche (nicht nur süße) Gerichte zaubern. Zwetschken schmecken auf Kuchen, in Strudeln und Obstknödeln, als Zwetschkenröster oder Kompott, aber auch als Kontrast in einem pikanten Fleischgericht. Und nicht zu vergessen – zu Slibowitz gebrannt!

Der klassische Zwetschkenfleck wird aus Germteig zubereitet:

Zwetschkenfleck

Zutaten für etwa 18 Portionen:
Teig:
2 dag Germ
4 dag Staubzucker
1/8 l lauwarme Milch
25 dag Mehl (glatt)
5 dag Butter
2 Dotter
1 Ei
1 Packung Vanillezucker
Prise Salz
Schale von 1/2 Zitrone (unbehandelt), abgerieben
1,5 kg Zwetschken
Mehl zum Ausarbeiten
Butter für das Blech
Staubzucker zum Bestreuen

MITTEL
Zubereitungszeit: 45 Minuten (plus Rastzeit)

Dampfl: Germ zerbröseln, mit Zucker, Milch und 5 dag Mehl glatt rühren. Restliches Mehl in eine Schüssel geben, eine Mulde machen, Dampfl eingießen, mit etwas Mehl bestreuen und zugedeckt an einem warmen Ort etwa 20 Minuten gehen lassen. Flüssige Butter, Dotter, Ei, Vanillezucker, Prise Salz, Zitronenschale dazugeben und zu einem glatten Germteig kneten; zugedeckt etwa 20 Minuten gehen lassen.
Zwetschken der Länge nach halbieren, entkernen und jede Hälfte der Länge nach einschneiden, aber nicht durchschneiden.
Teig ausrollen, auf ein befettetes Backblech legen und mit den Zwetschken eng belegen. Nochmals etwa 20 Minuten gehen lassen, im vorgeheizten Rohr bei 170 °C etwa 35 Minuten backen. Überkühlen lassen und mit Staubzucker bestreut anrichten.

Eine Nachspeise für Genießer mit wenig Zeit und bescheidener Küchenpraxis:

Gedünstete Zwetschken mit Vanilleobers

Zutaten für 4 Portionen
80 dag Zwetschken
15 dag Kristallzucker
20 cl Johannisbeersaft
15 cl roter Portwein
Zimt
Schale von 1 Zitrone (unbehandelt), abgerieben
1/4 l Schlagobers
4 Esslöffel Vanille-Creme-Likör
8 Amarettikekse
Minze zum Garnieren

EINFACH
Zubereitungszeit: 35 Minuten

Zwetschken waschen, halbieren, entkernen und in dicke Spalten schneiden. Zucker in einer Pfanne hellbraun karamellisieren und mit Johannisbeersaft sowie Portwein aufgießen; etwas einkochen lassen, mit Zimt und Zitronenschale würzen. Zwetschken dazugeben und bei geringer Hitze etwa 2 Minuten dünsten lassen.
Vanilleobers: Schlagobers halb steif schlagen, mit Vanille-Creme-Likör verrühren. Zwetschken samt Flüssigkeit in Gläser füllen, Vanilleobers darüber gießen und mit Keksen und Minze garniert servieren.

Für ein Neujahrsfrühstück:

Glückskuchen

Zutaten für 12 Stück
10 cl lauwarme Milch
2 dag Germ
Prise Zucker
25 dag Mehl (glatt)
2 Dotter
Salz
2 dag Zucker
7 dag Butter
Mehl zum Ausarbeiten
Butter für die Form
Füllung:
20 dag Powidl
2–3 Esslöffel Rum
Überguss:
1/4 l Schlagobers
2 Eier
2 Dotter
2 dag Staubzucker
Mark von einer Vanilleschote

MITTEL
Zubereitungszeit: 45 Minuten (plus Rastzeit)

Dampfl: 5 cl Milch mit zerbröselter Germ sowie Prise Zucker gut verrühren, 5 dag Mehl beifügen, gut verrühren; Dampfl zugedeckt an einem warmen Ort etwa 15 Minuten gehen lassen. Das Volumen soll sich verdoppeln.
Dampfl mit restlichem Mehl, restlicher Milch, Dottern, Salz, Zucker, zerlassener Butter – am besten mit den Knethaken des Handrührgerätes – zu einem glatten Teig verkneten. Germteig zugedeckt an einem warmen Ort etwa 30 Minuten gehen lassen.
Teig auf einer bemehlten Arbeitsfläche etwa 1/2 cm dick ausrollen und mit Hilfe des Nudelwalkers in eine flache Kuchenform (Ø 26 cm) legen. Teig am Rand hochziehen.
Powidl mit Rum gut verrühren (der Powidl soll streichfähig sein). Powidl auf dem Teig verstreichen. Wenn es ein Glückskuchen werden soll, eine Münze in den Powidl stecken.
Überguss: Schlagobers mit Eiern, Dottern, Staubzucker und Vanillemark gut verquirlen und über den Powidl gießen.
Kuchen im vorgeheizten Rohr bei 180 °C etwa 30 Minuten backen. Eventuell gegen Ende der Backzeit mit Alufolie abdecken.
Herrlich schmecken dazu in Rotwein gekochte Dörrzwetschken.
Anmerkung: Powidlkuchen gab es zu Hause immer zum Neujahrsfrühstück. Es war für uns ein Glückskuchen, denn wer das Stück mit der Geldmünze erwischte, hatte Glück im Neuen Jahr.

Meine Mutter hat mir ihr Rezept für herrlich breit und behäbig „thronende" Germknödel weitergegeben:

Germknödel

Zutaten für 8 Stück
2 dag Germ
2 Esslöffel Milch
3 dag Mehl (glatt)
14 dag Butter
6 dag Staubzucker
1 Packung Vanillezucker
3 Dotter
1 Ei
Prise Salz
47 dag Mehl (glatt)
1/16 l Milch
Mehl zum Ausarbeiten
8 EL Powidl
zerlassene Butter zum Begießen
15 dag Mohn, gemahlen
5 dag Staubzucker

AUFWÄNDIG
Zubereitungszeit: 1 Stunde (plus Rastzeit)

Dampfl: Germ zerbröseln und in lauwarmer Milch auflösen. Mit Mehl gut verrühren und an einem warmen Ort etwa 20 Minuten „gehen" lassen. Das Volumen soll sich verdoppeln.
Inzwischen Butter mit Zucker, Vanillezucker, Dottern, Ei und einer Prise Salz schaumig rühren.
Dampfl mit dem Mehl, dem Dotterabtrieb und der lauwarmen Milch – am besten mit dem Knethaken des Handrührgerätes – rasch zu einem glatten Teig verkneten.
Teig zugedeckt an einem warmen Ort etwa 30 Minuten gehen lassen.
Teig auf einer bemehlten Arbeitsfläche nochmals mit den Händen durchkneten und etwa 1 1/2 cm dick ausrollen, in acht Quadrate schneiden und jeweils mit einem Esslöffel Powidl belegen. Teigstücke zu Knödel formen. Knödel mit der Naht nach unten auf ein bemehltes Brett legen und zugedeckt an einem warmen Ort nochmals etwa 20 Minuten gehen lassen.
In einem großen Kochtopf reichlich Salzwasser aufkochen, Knödel in mehreren Etappen einlegen und zugedeckt bei geringer Hitze etwa 15 Minuten gar ziehen lassen.
Germknödel mit einem Lochschöpfer aus dem Wasser heben, gut abtropfen lassen und sofort mit einem Holzspieß einige Male einstechen – so verhindert man, dass die Knödel zusammenfallen. Sofort auf Tellern anrichten.
Knödel mit zerlassener Butter übergießen und mit geriebenem Mohn sowie Staubzucker bestreuen.

Diese Kombination – Zwetschken und Erdäpfel – ist kaum zu überbieten …

Überbackene Zwetschken mit Erdäpfelstreusel

Zutaten für 4 Portionen
50 dag Zwetschken
6 dag Kristallzucker
3 Esslöffel Butter
5 cl Portwein
Saft von 1/2 Orange
Saft von 1 Zitrone
1 Esslöffel Powidl
1 Zimtstange
Streusel:
1 Erdapfel, gekocht (etwa 13 dag)
10 dag Butter
12 dag Mehl (glatt)
10 dag Staubzucker
Salz
1 Kaffeelöffel Zimt (gemahlen)
1/2 Kaffeelöffel Backpulver
Butter und Zucker für die Form

RAFFINIERT
Zubereitungszeit: 1 Stunde

Zwetschken waschen und entkernen. Zucker mit Butter hell karamellisieren. Mit Portwein, Orangen- sowie Zitronensaft aufgießen und fast zur Gänze einkochen lassen. Anschließend Powidl, Zimtstange sowie die Zwetschken beifügen und bei geringer Hitze etwa 10 Minuten ziehen lassen.
Streusel: Erdapfel schälen und am besten mit einer Gabel zerdrücken. Butter, Mehl, Zucker, Prise Salz, Zimt sowie Backpulver dazugeben und mit den Händen zerbröseln.
Zwetschkenröster in eine befettete, mit Zucker ausgestreute Form füllen, mit den Erdäpfelstreuseln bestreuen und im vorgeheizten Rohr bei 200 °C etwa 25 Minuten backen.
Noch warm servieren.

Linientreue achten darauf, dass Obstknödel ihre Kalorienbilanz nicht über den Haufen werfen. Sie sparen an anderer Stelle und haben keine Not, wenn sie der Knödelrausch überfällt …

Zwetschkenknödel (Brandteig)

Zutaten für 12 Stück

Brandteig:

1/4 l Milch

2 dag Butter

1 Kaffeelöffel Rum

Prise Salz

15 dag Mehl (glatt)

2 Dotter

Mehl (griffig) zum Ausarbeiten

12 Zwetschken

12 Stück Würfelzucker

Rum, Kristallzucker für das Kochwasser

Butterbrösel:

12 dag Butter

8 dag Semmelbrösel

Prise Zimt

MITTEL

Zubereitungszeit: 1 Stunde

Milch mit zimmerwarmer, zerkleinerter Butter, Rum und Prise Salz aufkochen. Mehl einrühren und so lange rühren, bis sich der Teig vom Kochtopfboden löst. Den Teig in eine Schüssel füllen und etwa 5 Minuten überkühlen lassen. Dotter nach und nach – am besten mit dem Handrührgerät – unterrühren.

Zwetschken waschen, gut abtrocknen, entkernen und mit Würfelzucker füllen.

Teig auf einer bemehlten Fläche zu einer etwa 20 cm langen Rolle formen und diese in 12 Stücke teilen. Teigstücke mit den Händen etwas flach drücken, jeweils mit einer Zwetschke belegen und zu Knödel formen.

Die Knödel in kochendes, mit Rum und Zucker versetztes Salzwasser einlegen und bei geringer Hitze etwa 10 Minuten kochen lassen.

Butterbrösel: Butter aufschäumen lassen, Brösel beifügen und unter Rühren hellbraun rösten, mit Zimt abschmecken.

Die Knödel mit einem Lochschöpfer aus dem Wasser heben, gut abtropfen lassen. In den Butterbröseln wenden und mit Staubzucker bestreut servieren.

Variation: Anstelle von Würfelzucker die Zwetschken mit Marzipan füllen.

Tipp: Zwetschkenknödel können Sie auch mit Erdäpfelteig (siehe Grundrezept) zubereiten, ich ziehe den Brandteig aber vor, da er die Flüssigkeit der Früchte wesentlich besser aufsaugt.

Eine goldene Septembersonne auf dem Kaffeetisch: die geschichtete Zwetschkentorte.

Zwetschkentorte

Zutaten für 14–16 Stück
Butter für die Form
1, 5 kg Zwetschken
35 dag Zwieback
10 dag Mandeln, gerieben
12 dag Kristallzucker
2 Kaffeelöffel Zimt
20 dag Butter
Überguss:
3 Becher Crème fraîche
6 Eier
5 dag Kristallzucker
Schale von 1 Zitrone (unbehandelt), abgerieben
Prise Salz
5 dag Mandelblättchen, geröstet
Zwetschken zum Garnieren

RAFFINIERT, EINFACH
Zubereitungszeit: 2 Stunden (ohne Auskühlzeit)

Eine Springform (24 cm Durchmesser) mit Butter ausstreichen.
Zwetschken waschen, abtrocknen, halbieren und entkernen. Zwetschkenhälften der Länge nach ein-, aber nicht durchschneiden. Zwieback in einem elektrischen Zerkleinerer grob zerkleinern oder in einen Tiefkühlsack füllen und mit dem Nudelwalker grob zerdrücken. Mandeln in einer Pfanne ohne Fett hellbraun rösten; von der Hitze nehmen und mit Kristallzucker und Zimt vermengen.
Butter bei geringer Hitze schmelzen. Halbe Menge Zwieback gleichmäßig auf dem Boden der Tortenform verteilen. Halbe Menge Zimt-Zucker-Mandeln darauf streuen. Mit der halben Menge zerlassener Butter gleichmäßig übergießen und mit der halben Menge Zwetschken kreisförmig belegen. Vorgang mit den restlichen Zutaten wiederholen; mit Zwetschken abschließen.
Überguss: Crème fraîche mit Eiern, Zucker, Zitronenschale sowie Prise Salz glatt rühren und nach und nach langsam über die Torte gießen. Hinweis: Am besten in 3–4 Durchgängen über die Zutaten gießen.
Torte im vorgeheizten Rohr bei 180 °C etwa 30 Minuten backen. Mit Mandelblättchen bestreuen und nochmals 30 Minuten bei gleicher Temperatur fertig backen.
Torte aus dem Rohr nehmen, etwa 15 Minuten mit einem Brett oder Tablett beschweren und in der Form vollständig auskühlen lassen. Torte mit einem spitzen Messer vom Rand lösen, Formrand entfernen. Torte mit halbierten Zwetschken garnieren.
Slibowitz-Obers zur Torte servieren: 1/2 l Schlagobers steif schlagen, 2 Esslöffel Slibowitz unterrühren.

Gemüse

ERDAPFEL

INBEGRIFF SANFTEN, SÄTTIGENDEN WOHLBEHAGENS

Seit meiner Kindheit sind Erdäpfel der Inbegriff sanften, sättigenden Wohlbehagens. So ein kleiner, frisch gedämpfter Erdapfel … eigentlich genügt ein bisschen Butter, um aus ihm einen einfachen, aber kaum zu übertreffenden Genuss zu zaubern. Doch der Aufstieg der Erdäpfel zu einem der wichtigsten Grundnahrungsmittel der Welt war nicht einfach: In Südamerika gehört der Erdapfel schon seit 2000 Jahren zum kulinarischen Alltag. Nach Europa kam er erst Mitte des 16. Jahrhunderts, nachdem Francisco Pizarro das „Gold der Inkas" kennen gelernt hatte.

Doch vorerst beschränkten sich die Europäer darauf, die hübschen Blüten zu bewundern und Ahnungslose, die zuerst die giftigen Früchte verkosteten, verschafften den Erdäpfeln einen schlechten Ruf. Es dauerte mehr als zwei Jahrhunderte und bedurfte einigen Nachdrucks, bis sie von allen Bewohnern des Kontinents ohne Naserümpfen gegessen wurden.

Friedrich der Große befahl Mitte des 18. Jahrhunderts den Kartoffelanbau in Preußen und drohte, Widerspenstigen Ohren und Nase abzuschneiden. Doch Kartoffeln galten weithin als Arme-Leute-Essen. Viel klüger stellte es der französische Apotheker Parmentier an, der aus Erdäpfeln eine schmackhafte Erdäpfel-Lauch-Suppe braute, die heute noch seinen Namen trägt. Auch übersandte er Blüten und Knollen der Pflanze an Ludwig XVI, der sich nicht nur die Suppe servieren ließ, sondern während eines Hofballes das Dekolletee seiner Gemahlin Marie Antoinette mit Erdäpfelblüten schmückte – mit dem Ergebnis, dass eine regelrechte Erdäpfelmanie ausbrach und die Potage Parmentier populär wurde.

Mit Erdäpfeln hatte man in Österreich allerdings schon lange vor dem angeblichen Kartoffelpionier Parmentier gekocht. Bereits 1588 tauchten im Botanischen Garten in Wien zwei Erdapfelknollen als Kuriosität auf. 1620 wurden Erdäpfel erstmals von Mönchen des Benediktinerklosters in Seitenstetten angebaut. Aber erst Maria Theresia und ihr Sohn Joseph II. förderten den Erdäpfelanbau in größerem Stil und befahlen ihn in Phyrabruck im Waldviertel, wo der Erdapfel das am Feld vorherrschende Kraut verdrängte und schließlich zum Volksnahrungsmittel aufstieg.

Den Segen des Erdapfels erkannte auch Johann Eberhard Jungblut. Der „Erdäpfelpfarrer" ließ sich Mitte des 18. Jahrhunderts Salaterdäpfel aus Luxemburg schicken und machte Prinzendorf im Weinviertel zur heimlichen Erdäpfelhauptstadt der Welt. Und irgendwann nahm sich eine böhmische Köchin der Erdäpfel an und seither geht es mit ihnen nur mehr aufwärts.

SORTEN: In Österreich sind derzeit über 80 Sorten registriert. Sie unterscheiden sich in Aussehen, Geschmack und nach Kocheigenschaften. Die richtige Wahl der Erdäpfel entscheidet also oft über das Gelingen von Erdäpfelrezepten.
Fest kochende Sorten („speckige“) behalten beim Kochen ihre feste Struktur, bleiben angenehm feucht, lassen sich gut in Scheiben schneiden und eignen sich besonders für die Zubereitung von Salaten, Braterdäpfeln und Aufläufen: Ditta, Linzer Delikatesse, Sigma, Evita (= die einzig fest kochende runde Sorte), Sieglinde. Eine besondere alte Sorte sind die Kipfler. Wegen ihrer kulinarischen Qualität werden sie trotz geringer Ertragslage weiter angebaut.
Vorwiegend fest kochende Sorten haben eine mittelfest bis leicht mehlige Konsistenz. Zu verwenden sind sie wie fest kochende Sorten: Bintje und Marabel.
Mehlig kochende Sorten: Die meist größeren Knollen können beim Kochen ein wenig aufspringen, bleiben angenehm feucht bis trocken und werden wegen ihres hohen Stärkegehaltes für die Zubereitung von Suppen, Teigen, Puffern, Pürees und Pommes frites verwendet: Ukama, Quarta, Romina, Laura (charakteristisch rot gefärbte Schale), Agria.
Heurige: Heimische Heurige sind eine auf Frühreife gezüchtete Erdäpfelsorte, die ab Ende Mai/Anfang Juni geerntet wird. Heurige sind nicht zu verwechseln mit Frühkartoffeln, die vorwiegend aus Ägypten, Zypern oder Marokko importiert werden. Österreichs Heurige hingegen sind sehr junge Erdäpfel, die im Frühling gewachsen sind und ganz frisch auf den Markt kommen. Man erkennt sie an der besonders dünnen, empfindlichen Schale. Um Verwechslungen zu vermeiden, achten Sie unbedingt beim Einkauf auf das angeführte Ursprungsland! Österreichische Heurige müssen bis Anfang August nicht nach Sorten im Handel unterschieden werden.

LAGERUNG: Erdäpfel sollen kühl, luftig und dunkel gelagert werden. Durch Wärme und Licht produzieren sie das giftige Solanin (die grünen Stellen auf der Schale). Die müssen großzügig ausgeschnitten werden. Solanin ist hitzebeständig und wasserlöslich, Kochwasser deswegen unbedingt entsorgen.

VERARBEITUNG: Erdäpfel harmonieren mit fast allen Kräutern und Gewürzen und in der Mehlspeisenküche mit Mohn, Zimt, Nüssen, süßen Bröseln, Vanille … Ihrer Fantasie sind keine Grenzen gesetzt!

An heißen Tagen eine willkommene Abkühlung …

Geeiste Erdäpfel-Sauerampfersuppe

Zutaten für 4–6 Personen
10 dag Sauerampfer
25 dag mehlige Erdäpfel
2 Esslöffel Butter
3/4 l Geflügelbouillon
1/8 l Schlagobers
Salz
Pfeffer aus der Mühle
4 Esslöffel Sauerrahm

EINFACH
Zubereitungszeit: 45 Minuten (plus Kühlzeit)

Sauerampfer waschen, kurz blanchieren, kalt abschrecken, gut ausdrücken und grob schneiden. Erdäpfel schälen, in Scheiben schneiden und gut waschen. Hinweis: Dadurch wird die Erdäpfelstärke ausgeschwemmt, sodass die fertige Suppe nicht mehr „nachzieht“, also dicker wird.
Butter in einem Topf aufschäumen lassen, Erdäpfelscheiben darin hell anrösten, mit Bouillon aufgießen und bei mittlerer Hitze etwa 20 Minuten kochen lassen. Obers und Sauerampfer beifügen, aufkochen lassen. Suppe mit einem Stabmixer pürieren und anschließend durch ein Sieb seihen. Suppe mit Salz sowie Pfeffer abschmecken, auskühlen lassen und kalt stellen. Vor dem Servieren den Sauerrahm unter die Suppe heben und in gekühlten Suppentellern oder Gläsern servieren.
Tipp: Ich verfeinere die kalte Erdäpfelsuppe mit 1/8 l Sekt (trocken), den ich kurz vor dem Servieren unterrühre, so wird aus schlichten Zutaten ein wahrlich elegantes Gericht.

Ein Rezept für flaumigen Erdäpfelteig – sowohl für pikante wie auch für süße Obstknödel und natürlich auch für Erdäpfelnudeln:

Erdäpfelteig

Zutaten für 4 Portionen
50 dag mehlige Erdäpfel, am Vortag gekocht
9 dag Mehl (glatt)
1 Ei (Gewichtsklasse groß)
2 Dotter
3 dag zerlassene Butter
Salz
Mehl (glatt) zum Ausarbeiten

EINFACH
Zubereitungszeit: 40 Minuten

Erdäpfel schälen und zweimal durch die Erdäpfelpresse drücken. Hinweis: Dadurch wird der Teig besonders flaumig. Mit Mehl, Ei, Dottern sowie Butter vermengen, mit Salz würzen und mit den Händen rasch zu einem glatten Teig verkneten. Für pikante Knödel und Nudeln den Teig mit Muskat würzen!
Knödel: Teig auf einer bemehlten Arbeitsfläche zu einer etwa 4 cm dicken Rolle formen und diese in 8 Stücke teilen. Teigstücke zu Knödeln formen, in kochendes Salzwasser einlegen und bei mittlerer Hitze etwa 15 Minuten kochen.
Tipp: Für Erdäpfelteigzubereitung gibt es zwei Möglichkeiten:
Heiß: Erdäpfel kochen, schälen und sofort verarbeiten.
Kalt: Erdäpfel bereits am Vortag kochen, nicht schälen, am nächsten Tag schälen und verarbeiten.
Hinweis: Teig aus lauwarmen Erdäpfeln wird zäh!

Erdäpfelpüree wirkt auf mich wie eine dieser federleichten Daunendecken, die die Alltagskälte fernhalten.

Erdäpfelpüree

Zutaten für 4 Portionen
70 dag mehlige Erdäpfel
Kümmel (ganz)
10 cl Milch
8 dag Butter
Salz
Muskat
1–2 Esslöffel geschlagenes Schlagobers

EINFACH
Zubereitungszeit: 1 Stunde 20 Minuten

Erdäpfel mit Kümmel in Alufolie wickeln und im vorgeheizten Rohr bei 180 °C etwa 70 Minuten backen.
Milch mit Butter etwas einkochen lassen, mit Salz und Muskat würzen.
Erdäpfel aus der Folie wickeln, der Länge nach aufschneiden und mit einem Löffel auskratzen. Erdäpfelmasse durch eine Erdäpfelpresse drücken. Milch nach und nach mit der Schneerute unter das Püree rühren. Geschlagenes Obers unterheben.

Tipp: Natürlich können Sie die Erdäpfel für das Erdäpfelpüree auch in mit Kümmel versetztem Salzwasser weich kochen – doch allein der Geruch von gebackenen Erdäpfeln aus dem Rohr lässt Gefühle der Glückseligkeit hochkommen.

Das Skubanki-Rezept habe ich von einer böhmischen Köchin übernommen:

Skubanki

Zutaten für 4 Portionen
50 dag mehlige Erdäpfel
Salz
5 dag Mehl (glatt)
5 dag Butterflocken
Butterschmalz zum Ausbacken
4 Esslöffel zerlassene Butter
10 dag Mohn, gemahlen
Staubzucker zum Bestreuen

EINFACH
Zubereitungszeit: 30 Minuten (plus Rastzeit)

Erdäpfel in Salzwasser weich kochen, abseihen, noch heiß schälen, vierteln, in eine Schüssel geben und das Mehl locker über die Erdäpfel streuen; zugedeckt etwa 15 Minuten stehen lassen. Anschließend die Masse – am besten mit einer Gabel – zerdrücken, vermengen und zu einem glatten Teig verarbeiten.
Mit einem immer wieder in heißes Butterschmalz getauchten Esslöffel aus der Erdäpfelmasse Nockerln stechen und diese unter mehrmaligem Wenden etwa 4–6 Minuten knusprig in heißem Fett ausbacken. Skubanki auf Küchenkrepp gut abtropfen lassen, in einer Schüssel anrichten, mit zerlassener Butter beträufeln, mit Mohn und Staubzucker bestreut servieren.

*Dieser Erdäpfel-Mohngugelhupf stammt von meiner Anna-Tant'
(der Mehlspeisköchin) und ist durch die Erdäpfel sehr saftig*

Erdäpfel-Mohngugelhupf

Zutaten für 12 Stück
25 dag mehlige Erdäpfel
15 dag Butter
7 dag Staubzucker
1/2 Kaffeelöffel Zimt
Prise Salz
1 Packung Vanillezucker
Schale von 1 Zitrone (unbehandelt), abgerieben
8 Dotter
22 dag Graumohn, gemahlen
12 dag Mandeln, gerieben
2 dag Semmelbrösel
1 Esslöffel Rum
7 Eiklar
12 dag Kristallzucker
Butter und Mandeln (gerieben) für die Form
Staubzucker zum Bestreuen

EINFACH
Zubereitungszeit: 1 Stunde 40 Minuten

Erdäpfel kochen, schälen und noch heiß zweimal durch die Erdäpfelpresse drücken; etwas überkühlen lassen. Zimmerwarme Butter mit Staubzucker, Zimt, Salz, Vanillezucker und Zitronenschale cremig rühren. Passierte Erdäpfel dazu rühren. Dotter nach und nach hinzufügen. Mohn, Mandeln und mit Rum befeuchtete Semmelbrösel vermengen.
Eiklar mit Kristallzucker zu cremigem Schnee schlagen und abwechselnd mit der Mohn-Nuss-Vermengung unter die Erdäpfel-Buttermasse heben.
Teig in eine befettete und mit Mandeln ausgestreute Gugelhupfform füllen und im vorgeheizten Backrohr bei 170°C etwa eine Stunde backen.
Gugelhupf in der Form auskühlen lassen, aus der Form stürzen und mit Staubzucker bestreuen.
Tipp: Manchmal „veredle" ich das Gugelhupfrezept und verwende Weißmohn.

Die Krönung – hausgemachtes Erdäpfelpüree, zum Soufflé veredelt!

Erdäpfelauflauf mit gebackenen Zwiebeln

Zutaten für 4 Portionen
75 dag mehlige Erdäpfel
Salz
8 dag Butter
6 cl Schlagobers
3 dag Bergkäse, frisch gerieben
Muskat
4 Eier
Pfeffer aus der Mühle
Butter für die Form
Zwiebeln in Backteig:
13 dag Mehl (glatt)
1/2 Kaffeelöffel Cayennepfeffer
Salz
14 cl Weißwein
1 Ei
12 weiße Zwiebeln
2 Eiklar
Fett zum Ausbacken

AUFWÄNDIG
Zubereitungszeit: 1 Stunde 15 Minuten

Auflauf: Erdäpfel in Salzwasser kochen, abseihen, schälen und noch heiß durch die Erdäpfelpresse drücken. Butter, Obers und Käse dazugeben und verrühren.
Eier trennen. Dotter in die Erdäpfelmasse einrühren, mit Salz, Pfeffer sowie Muskat abschmecken. Eiklar zu steifem Schnee schlagen und unterheben. Masse in eine bebutterte Auflaufform füllen und im vorgeheizten Rohr bei 180 °C etwa 30 Minuten backen.
Gebackene Zwiebeln: Mehl, Cayennepfeffer, Salz, Wein und Ei mit dem Schneebesen zu einem glatten Backteig verrühren und zugedeckt etwa 1/2 Stunde rasten lassen.
Zwiebeln schälen und nur bis 1 cm über dem Strunk in jeweils 8 Spalten schneiden, damit die Zwiebeln nicht auseinander fallen. Zwiebeln mit den Fingern von innen nach außen blättrig auseinander ziehen.
Eiklar mit einer Prise Salz zu steifem Schnee schlagen und behutsam unter den Backteig heben.
Fett erhitzen. Jeweils einen Holzspieß in den Strunk der Zwiebel stecken. Zwiebeln in den Teig tauchen, dabei mehrmals leicht auf den Schüsselboden stoßen, damit sich der Teig zwischen den einzelnen Zwiebelspalten verteilt. Überschüssigen Teig abtropfen lassen und die Zwiebeln portionsweise im heißen Fett knusprig ausbacken. Auf Küchenkrepp gut abtropfen lassen und mit dem Erdäpfelauflauf anrichten.

Und wieder ein Klassiker:

Waldviertler Reiberknödel

Zutaten für 8 Stück
75 dag mehlige Erdäpfel
25 dag Erdäpfel, am Vortag gekocht
Salz

EINFACH
Zubereitungszeit: 1 Stunde

Rohe Erdäpfel schälen, in eine Schüssel mit kaltem Wasser reiben (daher der Name Reiberknödel) und etwa 15 Minuten stehen lassen, bis sich die Stärke am Boden abgesetzt hat. Wasser abgießen und die Erdäpfel mit Hilfe eines Küchentuchs gut ausdrücken. Wichtig: Die Erdäpfelstärke, die sich im Wasser abgesetzt hat, für die Weiterverarbeitung des Teiges beiseite stellen!
Gekochte Erdäpfel schälen, durch eine Erdäpfelpresse drücken und mit den ausgedrückten, rohen Erdäpfeln, der abgesetzten Stärke sowie Salz rasch zu einem glatten Teig verarbeiten.
Aus dem Teig mit nassen Händen 8 Knödel formen, in kochendes Salzwasser einlegen und bei geringer Hitze etwa 30 Minuten kochen.
Tipp: Wenn man der Knödelmasse eine halbe altbackene, eingeweichte und gut ausgedrückte Semmel beifügt, werden die Knödel flaumiger.
Noch ein Tipp: Wenn man dem Knödelteig noch 10 dag Topfen, 1 Ei sowie etwas Grieß beimengt, erhält man die Strapaziknödel.
Anmerkung: Ein kulinarisches Wahrzeichen der Region nördlich der Donau ist der Erdäpfelknödel aus rohen und gekochten Erdäpfeln, in Salzwasser gekocht. Er wird meist als Beilage zu Schweins-, Gänse-, Entenbraten, Wildgerichten gereicht, aber auch (dann allerdings mit Speck oder Fleisch gefüllt) als eigenständiges Gericht. Es gibt viele Rezepte für Erdäpfelknödel, aber nur drei Grundtypen: Knödel aus gekochten Erdäpfeln, Knödel aus vielen gekochten und wenigen rohen Erdäpfeln und Knödel aus vielen rohen und wenigen gekochten Erdäpfeln. Für die armen Bauern waren die Reiberknödel eine eigenständige Mahlzeit, die bestenfalls mit einer „Eintauch" (geröstete Zwiebel mit Suppe aufgegossen) auf den Tisch kam.

Sehr beliebt bei hungrigen Kindern:

Eingebrannte Erdäpfel

Zutaten für 4 Portionen (als Beilage)
1 kg speckige Erdäpfel
Salz
3 Essiggurkerln
2 Esslöffel Butter oder Schmalz
2 Esslöffel Mehl (glatt)
1/2 l Rindsbouillon (Würfelsuppe)
2 Lorbeerblätter
1 Majoranzweig
Pfeffer aus der Mühle
Muskat

EINFACH
Zubereitungszeit: 1 Stunde

Erdäpfel in Salzwasser kochen, abseihen, etwas überkühlen, schälen und in Scheiben schneiden. Essiggurkerln in Scheiben schneiden.
Butter erhitzen, Mehl einrühren und bei geringer Hitze hellbraun rösten. Nach und nach unter ständigem Rühren – am besten mit der Schneerute – mit kalter Bouillon aufgießen. Lorbeerblätter, Majoran beifügen und etwa 10 Minuten bei geringer Hitze unter Rühren einkochen lassen. Erdäpfel- und Gurkerlscheiben beifügen, mit Salz, Pfeffer, Muskat und etwas Gurkerlwasser abschmecken und – das war der Trick meiner Großmutter – die Erdäpfel mindestens 30 Minuten vor dem Servieren durchziehen lassen.

Anmerkung: Bei uns hießen diese Erdäpfel „einbrennte Hund" und die gab es immer bei meiner Oma, wenn ich im Sommer nach dem Schwimmen nach Hause kam – und zwar mit einer gebratenen Knackwurst. Sie passen aber auch sehr gut zu gekochtem Rindfleisch oder faschierten Laberln.

Bei uns gibt es diesen edlen Erdäpfelsalat immer am Heiligen Abend:

Erdäpfelsalat mit Lachs

Zutaten für 4 Portionen
75 dag fest kochende Erdäpfel
Marinade:
7 Esslöffel Essig
5 Esslöffel Öl
4 Esslöffel Rindsbouillon (ev. Würfelsuppe)
Estragonsenf
Prise Zucker
Salz
Pfeffer aus der Mühle
Überguss:
1/4 l Sauerrahm
Salz
Pfeffer aus der Mühle
2 Esslöffel Schnittlauch, geschnitten
4 Esslöffel Forellenkaviar oder Ketakaviar
20 dag Räucherlachs, in Scheiben geschnitten

MITTEL
Zubereitungszeit: 45 Minuten

Erdäpfel in leicht gesalzenem Wasser weich kochen (oder dämpfen), abseihen, schälen und in dünne Scheiben schneiden.
Marinade: Alle Zutaten miteinander gut verrühren und mit Salz sowie Pfeffer abschmecken. Marinade mit den noch lauwarmen Erdäpfeln gut vermengen.
Überguss: Sauerrahm mit Salz, Pfeffer würzen, Schnittlauch sowie Kaviar behutsam untermengen.
Erdäpfel gut abtropfen lassen, auf Tellern anrichten, mit Rahm-Kaviarsauce übergießen und mit Lachscheiben dekorativ belegt servieren.

Nach langen Wanderungen entsteht in mir immer ein Wolfshunger auf ein Erdäpfelgulasch:

Erdäpfelgulasch

Zutaten für 4 Portionen
80 dag speckige Erdäpfel
20 dag Zwiebeln
2–3 Esslöffel Schweineschmalz
1 Kaffeelöffel Paradeisermark
2 Esslöffel Paprika (edelsüß)
1 Kaffeelöffel Essig
3/4 l milde Rindsbouillon
1 Speckschwarte (20 dag)
2 Lorbeerblätter
1 Kaffeelöffel Kümmel (ganz)
1 Kaffeelöffel Majoran (getrocknet)
2 Knoblauchzehen, fein gehackt
30 dag dürre Wurst oder Braunschweiger
Salz
Pfeffer aus der Mühle
2 Essiggurkerln

EINFACH
Zubereitungszeit: 1 Stunde 30 Minuten

Erdäpfel schälen und je nach Größe vierteln oder in große Würfel schneiden; in kaltes Wasser einlegen.
Zwiebeln schälen, fein würfelig schneiden und in zerlassenem Schmalz glasig anrösten, von der Hitze nehmen, Paradeisermark und Paprikapulver unterrühren, mit Essig ablöschen und mit Bouillon aufgießen; wieder auf die Hitze stellen.
Speckschwarte, Lorbeerblätter, Majoran, Kümmel und Knoblauch beifügen und bei mittlerer Hitze etwa 30 Minuten kochen lassen, Lorbeerblatt sowie Speckschwarte entfernen; Gulaschansatz mit dem Stabmixer pürieren. Erdäpfel beifügen und das Gulasch bei mittlerer Hitze etwa 25 Minuten kochen, bis der Saft durch die in den Erdäpfeln enthaltene Stärke cremig wird.
Die Wurst schälen, in große Würfel schneiden und dazugeben.
Gulasch mit Salz sowie Pfeffer abschmecken und bei geringer Hitze noch 10 Minuten ziehen lassen. Essiggurkerln in feine Streifen schneiden und das Gulasch damit bestreut servieren.

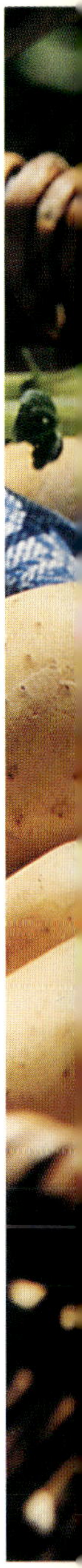

KÜRBIS

PRALLES HERBSTGLÜCK

Kürbisstrudel! Wenn der bei meiner Großmutter am Speiseplan stand, freute ich mich einerseits, denn dieser Strudel zählte schon damals zu meinen Favoriten, andererseits bedeutete es auch das Ende der Sommerferien, die ich immer bei ihr im Burgenland verbrachte. Zwei Tage dauerte die Zubereitung: Das grob geraffelte Kürbisfleisch wurde eingesalzen, in ein Tuch gewickelt, mit Ziegelsteinen beschwert und über Nacht entwässert. Am Morgen bereitete die Omi den Strudelteig zu, der entweder mit einer herrlich pikanten, rahmigen oder einer süßen Kürbisfülle eingerollt wurde. Am besten schmeckte der Strudel dann lauwarm, einfach nur in eine Papierserviette gewickelt – wenn ich jetzt so nachdenke, ein herrliches Finger Food.

Kürbisse zählen zu den ältesten Gemüsepflanzen der Welt. Seit 10 000 Jahren essen Menschen Kürbis. Kürbisse haben in der Frühgeschichte der Menschheit eine derart eminente Rolle gespielt, dass Ausgrabungen von mittel- und südamerikanischen Indianersiedlungen den Eindruck erwecken, es habe dort vor 7000 Jahren tatsächlich eine regelrechte Kürbiskulturepoche gegeben. Von keiner anderen Pflanze gibt es so zahlreiche prähistorische Funde wie von Kürbissen.

Der Kürbis hat einen Siegeszug angetreten und das beweisen nicht nur die vielen Rezepte und Gerichte, sondern auch die vielen Kürbisfeste. Am bekanntesten ist wohl das Retzerland-Kürbisfest, wo wochenlang eine ganze Region im Banne des „Pluzers" steht. Botanisch unterscheidet man fünf Arten, von denen der Riesenkürbis, der Moschuskürbis und der Gartenkürbis die wichtigsten sind. Doch nicht jeder Kürbis eignet sich für jede Speise. Die Kürbisfamilie ist groß, die bekanntesten Sorten sind bei uns Muskatkürbis, Butternuss, Hokkaido, Autumn Gold und Orangener Knirps. Eines ist ihnen gemeinsam: Sie bedürfen, um gesund und genussvoll zu sein, besonderer Aufmerksamkeit, die schon beim Einkauf beginnt: Aus der Sicht des Kochs oder der Köchin ist es besser, sie in Sommer- und Winterkürbisse einzuteilen. Die Sommerkürbisse (dazu gehört die Sorte der Gartenkürbisse, wie Pattisons, Long White Bush, Zucchini) sollten jung und unreif gegessen werden, weil sie ausgereift hart und fad schmecken. Sie haben helles, festes Fruchtfleisch. Winterkürbisse, (dazu zählen Riesen- und Moschuskürbis) erfordern in der Küche schon bei der Vorbereitung ziemlichen Kraftaufwand, ein schweres Messer leistet gute Dienste, wenn es darum geht, den Kürbis zu zerteilen.

SORTEN: Muskatkürbis: Allroundkürbis mit orangenem Fruchtfleisch, sehr aromatisch, verströmt frisch aufgeschnitten ein fruchtig süßes Aroma.
Hokkaido: festes schmackhaftes Fruchtfleisch, muss nicht geschält werden.
Butternuss: mein Lieblingskürbis mit festem, aber doch zartem, buttrig-nussigem Fruchtfleisch, ideal zum Mitbraten im Rohr, gut lagerfähig.
Spaghettikürbis: nach dem Kochen – ich persönlich ziehe das Backen im Rohr vor – zerfällt sein Fruchtfleisch in spaghettiähnliche Fäden. Schmeckt am besten pur mit brauner Butter und frisch geriebenem Bergkäse, oder auch mit zartem Nusspesto – wie Spaghetti.
Langer von Neapel: erinnert an Melonen.

EINKAUF: Auch wenn Kürbisse im Ganzen eingekauft länger haltbar sind, so empfehle ich doch, für den Tagesbedarf Kürbisschnitten zu kaufen. In Klarsichtfolie abgepackt halten sie im Kühlschrank maximal 4–5 Tage.
Wenn Sie sich dennoch für einen ganzen Kürbis entscheiden, klopfen Sie gegen die Schale. Klingt es hohl, dann ist der Kürbis einwandfrei. Ein gutes Zeichen ist auch, dass der Stiel noch am Kürbis zu sehen ist, es bedeutet, dass er erst kürzlich geerntet wurde und auch voll ausgereift ist.

LAGERUNG: Sommerkürbisse können nur einige Tage – am besten im Gemüsefach des Kühlschranks – gelagert werden.
Winterkürbisse werden mit der Lagerung immer süßer und gehaltvoller. Wie lange sich ein Kürbis aufbewahren lässt, hängt von der Sorte ab. Manche Sorten wie Moschuskürbis oder Butternuss können an einem trockenen Ort – bei einer Temperatur von 10°–12 °C – bis zu einem Jahr aufbewahrt werden.

VERWENDUNGSTIPP: Dank seines milden Aromas – Bösartige sagen ihm Geschmacksanämie nach – harmoniert der Kürbis mit vielen Gewürzen.
Süß: Vanille, Zimt, Ingwer, Zitronen-, Orangenschale, mit Nüssen, Mango, Marillen.
Auf österreichisch-ungarisch schmeckt er mit Paprikapulver, Kren, Sauerrahm, Dille, Kürbiskernen und Kernöl.
Wie in Italien genießt man ihn, wenn man den Kürbis mit Knoblauch, Rosmarin, Thymian, gutem Olivenöl und eventuell Balsamessig würzt.
Auch fernöstliche Gewürze harmonieren sehr gut mit ihm, z. B. Zitronengras, Chilischoten, Ingwer, Curry, Kokosmilch, Sesam und Sternanis.
Ich mag auch das arabische Flair: Kürbis gewürzt mit Harissa, Kreuzkümmel und eventuell noch Rosinen.

Eine Sommermahlzeit:

Kürbissalat

Zutaten für 4 Portionen
40 dag Kürbis (Hokkaido oder Butternuss)
Salz
1 Esslöffel Zucker
Pfeffer aus der Mühle
4 Esslöffel Öl
6 Esslöffel Balsamessig oder Apfelessig
2 Esslöffel Walnussöl
4 dag Kürbiskerne
4 Esslöffel Kürbiskernöl
7 dag Vogerlsalat
15 dag Selchfleisch, in Scheiben geschnitten
Kren, frisch gerieben, nach Geschmack

EINFACH
Zubereitungszeit: 30 Minuten

Kürbiskerne mit einem Löffel herauskratzen. Kürbis wie eine Melone in Spalten schneiden und dünn schälen. Mit Salz, Zucker und Pfeffer würzen. Öl in einer Pfanne erhitzen, Kürbisspalten darin bei mittlerer Hitze auf jeder Seite etwa 3–4 Minuten braten, mit 4 Esslöffel Balsamessig aufgießen, Nussöl und 3 Esslöffel Wasser dazugeben, mit Salz und Pfeffer abschmecken; von der Hitze nehmen. Kürbiskerne in 1 Esslöffel Kürbiskernöl rösten, bis sie aufspringen, von der Hitze nehmen und salzen.
Vogerlsalat putzen, waschen und trocken schleudern. Restlichen Essig mit Salz, Pfeffer, 3 Esslöffel Wasser verrühren, restliches Kürbiskernöl dazugießen und kräftig verrühren. Marinade mit Vogerlsalat vermengen.
Vogerlsalat mit den Kürbisspalten auf Tellern anrichten, mit Geselchtem dekorativ belegen, mit Kürbiskernen und geriebenem Kren bestreut anrichten.

Eine Suppe für Puristen, raffiniert mit Orange verfeinert:

Kürbissuppe mit Orange

Zutaten für 4–6 Portionen
70 dag Kürbis (Muskat oder Butternuss)
30 dag Erdäpfel
2 Zwiebeln
4 dag Butter
1 l Gemüsebouillon
20 cl Orangensaft, frisch gepresst
Salz
Cayennepfeffer
3 Esslöffel geschlagenes Obers
4 Kaffeelöffel Kürbiskernöl
3 dag Kürbiskerne, geröstet

EINFACH
Zubereitungszeit: 1 Stunde 15 Minuten

Kürbis in Spalten schneiden, entkernen, schälen und in Würfel schneiden. Erdäpfel schälen, grob würfelig schneiden. Zwiebel schälen und fein würfelig schneiden. Alles in zerlassener Butter glasig anrösten, mit Bouillon aufgießen und bei mittlerer Hitze etwa 25–30 Minuten kochen lassen. Orangensaft dazugießen und die Suppe weitere 5 Minuten kochen lassen. Anschließend pürieren und mit Salz und Cayennepfeffer kräftig abschmecken. Mit Schlagobers, Kürbiskernöl sowie Kürbiskernen garniert servieren.

Eine besondere Delikatesse sind Zucchiniblüten, gefüllt und knusprig ausgebacken:

Gefüllte Zucchiniblüten

Zutaten für 4 Portionen (als Vorspeise)
4 Zucchiniblüten mit Fruchtansatz
Salz
5 dag Schinken
15 dag Frischkäse (Gervais)
4 Esslöffel frische Kräuter, gehackt
Pfeffer aus der Mühle
8 dag Mehl (griffig)
4 Eier
Fett zum Ausbacken

MITTEL
Zubereitungszeit: 40 Minuten

Kelche der Zucchiniblüten öffnen und den Stempel behutsam entfernen. Zucchiniblüten salzen. Schinken in feine Würfel schneiden. Frischkäse mit Kräutern sowie Schinken gut verrühren, salzen und pfeffern. Masse in einen Spritzsack mit glatter Tülle füllen und in die Zucchiniblüten dressieren. Die Enden der Blütenblätter zusammennehmen und eindrehen. Fruchtansätze mit einem kleinen Messer der Länge nach mehrmals einschneiden.
Zucchiniblüten in Mehl wenden, durch verquirlte Eier ziehen und in heißem Fett bei mittlerer Hitze etwa 2 Minuten ausbacken. Auf Küchenkrepp gut abtropfen lassen und anrichten.

Kürbis schmeckt auch süß:

Süsse Kürbispuffer

Zutaten für 12 Stück
50 dag Kürbis, geschält und entkernt (z. B. Butternuss)
Salz
1 Ei
1/2 Kaffeelöffel Zimt
4 dag Kristallzucker
2 Packungen Vanillezucker
8 dag Mehl (glatt)
1/2 Kaffeelöffel Backpulver
Fett zum Ausbacken
Preiselbeerkompott
Zimt und Zucker zum Bestreuen

EINFACH
Zubereitungszeit: 30 Minuten

Kürbis grob raffeln, gut ausdrücken und mit Ei, Zimt, Kristallzucker und Vanillezucker verrühren. Mehl unterrühren. In einer beschichteten Pfanne Fett erhitzen.
Aus der Kürbismasse mit einem Esslöffel kleine Portionen abstechen, in das Fett einlegen und auf beiden Seiten bei geringer Hitze ausbacken. Auf Küchenkrepp gut abtropfen lassen.
Puffer mit Preiselbeerkompott anrichten und mit Zimt und Zucker bestreut servieren.

Ein würziger Marmorkuchen …

Gebackener Kürbis-Topfenkuchen

Zutaten für 12 Stück
20 dag Butterkekse
10 dag Butter
2 Esslöffel Orangensaft
85 dag Kürbisfleisch (Muskat, Butternuss)
1 Zimtstange
1/2 Kaffeelöffel Ingwerpulver
1/2 Kaffeelöffel Piment
1/2 Kaffeelöffel frisch geriebener Muskat
5 cl Orangensaft
5 Eier
20 dag Staubzucker
Mark von 1 Vanilleschote
Schale von 1 Zitrone (unbehandelt), abgerieben
75 dag Topfen (20 %), gut abgetropft
3 dag Mehl (glatt)
1 Packung Vanillezucker
2 Dotter
Butter und Mehl für die Form
Staubzucker zum Bestreuen

MITTEL
Zubereitungszeit: 1 Stunde 45 Minuten

Für den Tortenboden die Butterkekse – am besten im Mixaufsatz – zerkleinern. Butter bei geringer Hitze schmelzen und mit Orangensaft sowie Keksbröseln gut vermengen. Masse in eine Tortenform füllen, am Boden und Rand gut festdrücken; Tortenboden bei 175 °C etwa 10 Minuten backen; auskühlen lassen.
Kürbisfleisch in grobe Würfel schneiden, mit den Gewürzen, Orangensaft sowie 5 cl Wasser in einen Topf geben und zugedeckt bei geringer Hitze etwa 15 Minuten dünsten. Zimtstange entfernen und den Kürbis – am besten mit dem Stabmixer – pürieren.
Eier trennen. Dotter mit Staubzucker, Vanillemark, Zitronenschale schaumig rühren, Topfen untermengen. Mehl unterrühren. Eiklar mit Vanillezucker und einer Prise Salz zu steifem Schnee schlagen und unter die Topfenmasse heben. 2/3 der Masse auf den Tortenboden geben. Restliche Topfenmasse mit Dottern und Kürbispüree vermengen und auf die Topfenmasse streichen. Mit einem Messer durch beide Massen durchziehen, sodass ein Marmormuster entsteht.
Torte im vorgeheizten Rohr bei 220 °C backen, anschließend Temperatur auf 100 °C herunterschalten und die Torte etwa 1 Stunde fertig backen. Hinweis: Eventuell nach 30 Minuten mit Alufolie abdecken.
Torte im ausgeschalteten Rohr bei leicht geöffneter Backrohrtür 30 Minuten abkühlen lassen, aus dem Rohr nehmen und ganz auskühlen lassen. Mit Staubzucker bestreut servieren.

Der Aufwand lohnt sich …

Erdäpfel-Palatschinken mit Kürbisfülle

Zutaten für 4 Portionen
20 dag mehlige Erdäpfel
7 dag Mehl (glatt)
2 Eier
1/8 l Milch
Salz
Muskat
Fülle:
60 dag Kürbisfleisch (Muskatkürbis oder Butternuss), geschält, entkernt, klein würfelig geschnitten
1–2 Esslöffel Orangensaft
1 Rosmarinzweig
Salz
Pfeffer aus der Mühle
1/8 l Schlagobers
5 dag Parmesan, frisch gerieben
Butterflocken zum Belegen

MITTEL
Zubereitungszeit: 1 Stunde 50 Minuten

Teig: Erdäpfel in Alufolie wickeln und im vorgeheizten Rohr bei 200 °C etwa 1 Stunde backen. Aus der Folie wickeln, kurz überkühlen lassen, schälen und zweimal durch die Erdäpfelpresse drücken. Mehl mit Eiern sowie Milch glatt rühren, Erdäpfel untermengen und den Teig mit Salz und Muskat würzen. Teig etwa 15 Minuten rasten lassen.
Fülle: Kürbisfleisch in zerlassener Butter anrösten, mit Orangensaft aufgießen, Rosmarin beifügen und zugedeckt bei geringer Hitze weich dünsten. Etwa ein Viertel der Füllung pürieren und mit der restlichen Füllung vermengen; mit Salz sowie Pfeffer abschmecken.
Palatschinken in heißem Fett ausbacken. Mit heißer Kürbisfüllung belegen, zusammenfalten. Obers mit Salz, Pfeffer würzen, in eine Pfanne gießen, Palatschinken darauf setzen, mit Parmesan bestreuen, mit Butterflocken belegen und im Rohr bei 200 °C etwa 8 Minuten knusprig überbacken. Palatschinken mit der Oberssauce anrichten.

Noch einmal süßer Kürbis …

Kürbistarte mit Nusskaramell

Zutaten für 4 Portionen
1 Packung Blätterteig (33 dag), tiefgekühlt
80 dag Kürbis (Hokkaido)
Überguss:
1 rote Chilischote
15 cl Crème fraîche
10 cl Schlagobers
3 Eier
20 dag Schafskäse
Salz
Cayennepfeffer
Mehl zum Ausarbeiten
3 dag Walnüsse, grob gehackt
Karamell:
3 dag Kristallzucker
30 cl Orangensaft (frisch gepresst)
2 Wacholderbeeren
1 Gewürznelke
1 Lorbeerblatt
1 Thymianzweig
3 dag Walnüsse

EINFACH
Zubereitungszeit: 1 Stunde 15 Minuten

Blätterteig auftauen lassen.
Kürbis schälen, entkernen und das Fruchtfleisch in 0,5 cm große Würfel schneiden.
Überguss: Chilischote entkernen und fein würfelig schneiden. Crème fraîche mit Schlagobers und Eiern verquirlen. Schafskäse mit einer Gabel grob zerdrücken und mit der Chilischote beifügen. Mit Salz und Cayennepfeffer würzen. Blätterteig auf einer bemehlten Arbeitsfläche zu einer Scheibe in der Größe von etwa 30 x 30 cm ausrollen und in eine Quicheform (Durchmesser 26 cm) einlegen. Mit den Händen einen etwa 3 cm hohen Rand hochdrücken. Tortenboden mit einer Gabel mehrmals einstechen und im vorgeheizten Rohr bei 200 °C etwa 3 Minuten vorbacken. Walnüsse und Kürbis auf dem Blätterteigboden verteilen, mit dem Überguss bedecken und bei 200 °C etwa 35–40 Minuten backen.
Karamell: Zucker hellbraun schmelzen und mit Orangensaft aufgießen. Wacholder, Nelke, Lorbeer sowie Thymian zugeben; Karamel sirupartig auf 15 cl einkochen. Gewürze entfernen, Walnüsse unterrühren und abkühlen lassen. Zur Kürbistarte servieren.

Der Sommer geht dem Ende zu …

Omas Kürbisstrudel

Zutaten für 4 Portionen
1 kg Kürbis (Moschuskürbis)
Salz
1 Zwiebel
1–2 Esslöffel Öl
1/4 kg Topfen
1–2 Eier
1 Esslöffel Paprikapulver (edelsüß)
Pfeffer aus der Mühle
4 fertige Strudelblätter
4 dag Butter
Mehl zum Ausarbeiten
Butter für das Blech
1 Ei zum Bestreichen

EINFACH
Zubereitungszeit: 40 Minuten (plus Rastzeit)

Kürbis entkernen, schälen und grob raffeln. Salzen und zugedeckt etwa 1/2 Stunde ziehen lassen.
Zwiebel schälen, klein würfelig schneiden und in erhitztem Öl glasig anrösten. Von der Hitze nehmen. Kürbis gut ausdrücken, mit der Zwiebelröstung vermengen. Topfen mit Eiern glatt rühren, untermengen; mit Salz, Pfeffer sowie Paprikapulver kräftig abschmecken.
Jeweils ein Strudelblatt auf ein befeuchtetes Küchentuch legen, mit flüssiger Butter bestreichen, Füllung im unteren Drittel in 2 Portionen verteilen.
Hinweis: Zwischen den Portionen etwa 5 cm Platz lassen. Den Strudel mit Hilfe des Tuches einrollen; mit einem bemehlten Kochlöffel zwischen den Portionen abdrücken, mit einem Messer durchschneiden. Enden einschlagen. Restliche Strudel in der gleichen Weise zubereiten. Strudelpackerln auf ein bebuttertes Blech legen, mit verquirltem Ei bestreichen und im vorgeheizten Rohr bei 180 °C etwa 25 Minuten backen. Servieren mit Schnittlauchrahm: 1/4 l Sauerrahm mit 4 Esslöffeln Schnittlauch, Salz und Pfeffer gut verrühren.

Ein beeindruckendes Hauptgericht – ja, eine Monumentalspeise: Der Kürbis ist gleichzeitig Topf und Gericht, er wird mit Lammfleisch gefüllt und macht satt und glücklich.

Gefüllter Kürbis

Zutaten für 8 Portionen
1 Muskatkürbis (etwa 3, 5 kg)
Salz
35 dag Eierschwammerln
15 dag Schalotten
2 Knoblauchzehen
3 Esslöffel Öl
1 Esslöffel Butter
1 Esslöffel frischer Thymian
Pfeffer aus der Mühle
5 dag Speck (im Ganzen, ohne Schwarte)
3 Scheiben Toastbrot
85 dag Lammfaschiertes oder Rindsfaschiertes
3 Eier
15 dag Langkornreis, gekocht
Öl zum Bestreichen

MITTEL
Zubereitungszeit: 3 Stunden

Einen Deckel vom Kürbis mit einem scharfen Messer abschneiden. Kerne und weiche Fasern mit einem Esslöffel herauskratzen, Kürbis innen mit Salz einreiben, auf den Kopf auf Küchenpapier stellen und etwa 30 Minuten abtropfen lassen.
Inzwischen Pilze putzen, fein hacken. Schalotten sowie Knoblauch schälen und fein würfelig schneiden. 1 Esslöffel Öl mit der Butter in einer Pfanne erhitzen, Pilze darin bei großer Hitze unter Wenden braten, bis sämtliche Flüssigkeit verdampft ist. Schalotten, Knoblauch, Thymian beifügen, kurz mitrösten, mit Salz und Pfeffer abschmecken; von der Hitze nehmen und abkühlen lassen.
Speck in sehr feine Würfel schneiden. Toastbrot entrinden und in feine Würfel schneiden. Restliches Öl erhitzen, Speck darin kurz anbraten, Brotwürfel beifügen und kurz mitbraten. Aus der Pfanne nehmen und abkühlen lassen.
Lammfaschiertes mit der Pilzmasse, Speck-Brotröstung, Eiern und Reis gut vermengen, kräftig mit Salz und Pfeffer würzen.
Kürbis innen mit Küchenpapier trocken tupfen. Faschiertes in den Kürbis füllen, glatt streichen. Kürbis rundum mit etwas Öl bestreichen, auf ein mit Backtrennpapier ausgelegtes Blech setzen und im vorgeheizten Rohr bei 190 °C etwa 1 Stunde 50 Minuten backen.
Kürbis aus dem Rohr nehmen, 10 Minuten rasten lassen, in 3–4 cm breite Spalten schneiden und mit der Paradeisersauce servieren.
Paradeisersauce: Stielansatz von 1 kg Paradeisern kreuzförmig herausschneiden, Paradeiser kurz blanchieren, kalt abschrecken, schälen, vierteln und entkernen. 1 Bund Jungzwiebeln putzen, waschen und in feine Ringe schneiden. 5 Esslöffel Olivenöl in einer Pfanne erhitzen, Paradeiser und Zwiebeln darin unter Wenden kurz dünsten; kräftig mit Salz, Cayenne und Prise Zucker abschmecken.

PARADEISER

WIE IM PARADIES

Ich brauche nur die Augen schließen … und rieche sie, habe sie geistig vor mir, sehe noch das helle Rot, das zum Ansatz hin ins leichte Grün übergeht, spüre diese wulstigen Einkerbungen in der glatten Haut. Man kann in sie hinein beißen, wie in einen Apfel. Wenn ich sie aufschneide, dann ist ihre Haut dünn – das Messer trifft nur auf einen ganz leichten Widerstand – innen sind sie fest, aber doch – fast zum Platzen saftig. Sie schmecken leicht süß, aber von einer kleinen Schärfe begleitet … Paradeiser aus Omas kleinem Gemüsegarten. Ich habe den Geschmack noch heute im Mund … und am besten schmecken sie mir immer noch von der Sonne durchwärmt. Es gibt Geschmackserlebnisse, die haben die Aura des Wunderbaren – dadurch werden sie auch unvergesslich. Leider wird auf das Auge immer mehr Rücksicht genommen als auf das Aroma, es gibt kaum noch sonnengereifte Paradeiser und der Geschmack bleibt auf der Strecke, er ist verloren gegangen auf dem Weg aus dem Paradies … aber, Gott sei Dank, das Bewusstsein dieses Verlustes ist nicht verloren gegangen. Und manchmal gibt es wieder dieses paradiesische Aromaerlebnis, wenn ich sonnengereifte Paradeiser im August ergattere.

Als „tomatl" bezeichneten die alten Azteken die roten Früchte. 1498 brachte Christoph Kolumbus von seiner dritten Amerikareise die Pflanzen nach Europa. Doch den wahren Wert der Paradeiser erkannten die Europäer erst um etwa 1820, bis dahin wurden sie zunächst als Kuriosum in höfischen Ziergärten gehalten und waren nur in den Küchen unerschrockener Forscher zu finden. Man hielt die Früchte für giftig und mit dieser Verleumdung hat sich – gleichsam zur Strafe – Europa 300 Jahre lang um den Genuss einer Delikatesse gebracht. Man verdächtigte die roten Früchte sogar, Liebeswahnsinn hervorzurufen! 1860 wurde noch geraten, Paradeiser mindestens drei Stunden zu kochen, damit das vermeintliche Gift neutralisiert werde. Umso erstaunlicher ist es für mich, dass sie so wundervolle Namen wie Liebesapfel, Paradiesapfel, pomodoro – goldener Apfel – bekamen. Oder sollten diese Namen einen Vorgeschmack auf das Paradies geben, in dem unendliche Vielfalt herrscht … ?

SORTEN: Runde, lose Paradeiser haben relativ wenig Fruchtfleisch, dafür viele Kerne; sind ideal für Salat und Rohgenuss.
Kirschparadeiser: süß und sehr aromareich, gut zum Rohessen, zum Einlegen und mit etwas Olivenöl geschmort eine Wucht.
Fleischparadeiser: groß, mit viel Fruchtfleisch, dafür wenig Wasser und Samenkörnern. Bevorzugt zum Braten, für Saucen und Suppen.
Flaschenparadeiser: enthalten wenig Wasser, perfekt für Suppen, Saucen, zum Trocknen und Einlegen.
Gelbe und grüne Paradeiser: die Exoten der Paradeiserfamilie. Gelbe Paradeiser sind, wenn überhaupt, nur im Sommer erhältlich. Sie schmecken gut als Salat und sind eine dekorative Garnierung.

EINKAUF: Wenn es keine inländischen Freilandparadeiser gibt, sollte man die großen Fleischparadeiser aus Italien oder Spanien nehmen. Im Winter kann man ruhig auf eingelegte Dosenparadeiser aus Italien zurückgreifen. Die bekannteste Sorte sind die Eiertomaten (Pelati aus San Marzano). Nehmen Sie die Besten, die Sie kriegen können, weil die Qualität der Produkte über die der Speise entscheidet – Wohlgeschmack ist nicht immer nur eine Frage der Kosten, sondern auch des bewussten Einkaufs.

LAGERUNG: Auch wenn es draußen heiß ist, soll man Paradeiser niemals im Kühlschrank lagern, dort verlieren sie an Aroma. Paradeiser immer bei Zimmertemperatur, ideal 16 °C, an einem möglichst dunklen Ort aufbewahren. Paradeiser geben – wie die Äpfel – das Reifegas Äthylen ab, deswegen niemals neben anderen Gemüsesorten lagern.

VERARBEITUNG: Paradeiser harmonieren sehr gut mit Rosmarin, Thymian, Salbei, Knoblauch und vor allem Basilikum. Gesucht und gefunden haben sich Oliven und Paradeiser. Auch die pikante Säure der Kapern oder der intensiver würzigen Kapernfrüchte schmeckt im Salat, aber auch in der Sauce.
Für viele Gerichte (z. B. Gemüseragouts) ist es notwendig, Paradeiser zu entkernen. So geht's am einfachsten: Paradeiser kreuzweise mit einem kleinen scharfen Messer einritzen, blanchieren, kalt abschrecken, schälen, vierteln und mit einem kleinem Messer das Fruchtfleisch mit den Kernen herausschneiden.

Die Paradeisersuppe meiner Mutter mit ihrem fast marmeladigen Geschmack war nicht mein Fall. Wie eine Paradeisersuppe auch noch schmecken kann, habe ich in Italien erlebt:

Paradeiser-Zwiebelsuppe

Zutaten für 4 Portionen
25 dag Paradeiser
35 dag Zwiebeln
25 dag Bauchspeck
2 Knoblauchzehen
5 cl Olivenöl
1 Esslöffel Paradeisermark
Salz
Pfeffer aus der Mühle
3/4 l Gemüsebouillon
25 dag Kirschparadeiser am Strauch
Olivenöl zum Beträufeln
15 dag Mozzarella

MITTEL
Zubereitungszeit: 1 Stunde

Paradeiser waschen, kreuzweise einschneiden, in kochendem Wasser kurz blanchieren, schälen, vierteln und entkernen. Zwiebeln schälen und in Streifen schneiden. Speck klein würfelig schneiden und in erhitztem Öl anbraten, Zwiebeln und Knoblauch mitrösten, gewürfelte Paradeiser beifügen. Paradeisermark einrühren, zugedeckt einige Minuten garen lassen. Mit Bouillon aufgießen und bei geringer Hitze etwa 30 Minuten kochen lassen. Mit Salz und Pfeffer würzen.
Inzwischen Kirschparadeiser behutsam waschen, gut abtropfen lassen, mit einem scharfen Messer einschneiden, auf ein Blech legen und mit Öl beträufeln. Im vorgeheizten Rohr bei 150 °C etwa 15 Minuten backen. Mozzarella in feine Streifen schneiden und auf den Paradeisern verteilen. Weitere 15 Minuten backen.
Paradeisersuppe mit Kirschparadeisern anrichten.

Paradeiser können auch als Behälter für pikante Zutaten verwendet werden:

Gefüllte Paradeiser

Zutaten für 4 Portionen
4 Fleischparadeiser (etwa 80 dag)
8 dag Weißbrotbrösel
2 Esslöffel Basilikum, gehackt
2 Esslöffel Minze, gehackt
1/2 Knoblauchzehe, fein gehackt
Salz
2 Esslöffel Olivenöl

EINFACH
Zubereitungszeit: 40 Minuten

Paradeiser waschen, Deckel abschneiden und die Paradeiser aushöhlen. Kerne entfernen, das ausgehöhlte Fruchtfleisch fein hacken und mit Weißbrotbröseln, Basilikum, Minze, Knoblauch gut vermengen und mit Salz abschmecken. Masse in die Paradeiser füllen und die Paradeiser in eine hitzebeständige Form setzen, mit Olivenöl beträufeln, Deckel aufsetzen und im vorgeheizten Rohr bei 200 °C etwa 25 Minuten backen.

Nicht nur für Vegetarier:

Paradeiserschnitzel mit Basilikumsauce

Zutaten für 2 Portionen
2 Schalotten
1 Knoblauchzehe
5 Esslöffel Olivenöl
2 Bund Basilikum, fein geschnitten
2 Esslöffel Weißwein (trocken)
Salz
Pfeffer aus der Mühle
2 große Fleischparadeiser
2 Esslöffel Mehl (glatt)
2 Eier
4 Esslöffel Weißbrotbröseln
Öl zum Ausbacken

EINFACH
Zubereitungszeit: 30 Minuten

Schalotten und Knoblauch schälen, fein würfelig schneiden und in 2 Esslöffeln Olivenöl anrösten; von der Hitze nehmen, Basilikum sowie Wein unterrühren und mit Salz sowie Pfeffer abschmecken. Mit dem Stabmixer pürieren, dabei langsam restliches Olivenöl dazugießen.
Paradeiser in dicke Scheiben schneiden, salzen, pfeffern und in Mehl, verquirlten Eiern sowie Bröseln panieren. In heißem Fett knusprig ausbacken. Auf Küchenkrepp gut abtropfen lassen.
Paradeiserschnitzel auf Tellern anrichten, mit der Basilikumsauce beträufeln und mit Sommersalat servieren.

Es ist so einfach und doch raffiniert:

Schmorparadeiser mit „Kräuterrittern"

Zutaten für 4 Portionen
4 Fleischparadeiser
Olivenöl
Salz
Pfeffer aus der Mühle
3 Esslöffeln Mandeln, gehackt
1 Kaffeelöffel Zitronenschale (unbehandelt), abgerieben
2 Eier
4 Scheiben Brot
2 Esslöffel Butter
10 dag frische Kräuter (Minze, Schnittlauch, Estragon, Petersilie), gehackt

EINFACH
Zubereitungszeit: 40 Minuten

Fleischparadeiser halbieren, mit den Schnittflächen nach oben dicht auf ein mit Öl bestrichenes Blech legen, salzen und pfeffern. Mandeln mit Zitronenschale vermengen, auf den Paradeisern verteilen und im vorgeheizten Rohr bei 170 °C etwa 20–25 Minuten backen.
Kräuterritter: Eier verquirlen, Brotscheiben darin wenden, bis sie sich mit dem Ei etwas voll gesogen haben. Brotscheiben in erhitzter Butter bei mittlerer Hitze beidseitig knusprig braten; herausnehmen, salzen und pfeffern. Sofort in Kräutern wenden. Kräuterbrote halbieren und mit den Schmorparadeisern servieren.
Tipp: Statt Mandeln gehackte Walnüsse verwenden.

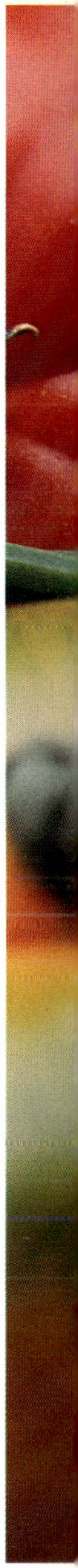

Ein sehr heißer Sommer, Paradeiser von intensivem Augustsonnen-Aroma – diesen sinnlichen Geschmack einfangen …

Paradeiserchutney

Zutaten für 1 1/2 Liter
1 kg reife Paradeiser
25 dag Zwiebeln
25 dag Äpfel (Cox Orange)
1/2 rote Paprikaschote
1 rote Pfefferschote
10 dag Rosinen
20 dag Kristallzucker
1/8 l milden Obstessig
2 Esslöffel Salz
Pfeffer aus der Mühle
1 Kaffeelöffel Ingwer (gemahlen)

AUFWÄNDIG
Zubereitungszeit: 1 Stunde 30 Minuten

Paradeiser waschen, kreuzweise einschneiden, in kochendem Wasser etwa 30 Sekunden blanchieren, kalt abschrecken und die Haut abziehen. Paradeiser vierteln, entkernen und in kleine Würfel schneiden. Zwiebel, Äpfel, Paprika schälen und separat fein würfelig schneiden. Pfefferschote ebenfalls in kleine Würfel schneiden. Alle Zutaten in einen großen Topf geben, zum Kochen bringen und bei geringer Hitze etwa 20 Minuten offen kochen; öfter umrühren. Rosinen, Zucker, Essig, Salz, Pfeffer und Ingwer beifügen und weitere 20 Minuten kochen lassen. Eventuell nochmals abschmecken; Paradeiser-Chutney heiß in saubere Gläser füllen und gut verschließen.
Hinweis: Unbedingt 2 Wochen ziehen lassen, damit sich das Aroma voll entfalten kann.
Schmeckt vorzüglich zu gegrilltem Fleisch und Fisch, kalten Braten, Schinken oder auf knusprig gerötetem Brot.
Tipp: Kühl und dunkel gelagert etwa 6 Monate haltbar.

Wenn Paradeiser und Pfirsiche zueinander finden …

Warmer Paradeisersalat mit gebackenen Pfirsichen

Zutaten für 4 Portionen
50 dag Paradeiser
4 weiße Pfirsiche (à 15 dag)
8 Thymianzweige
8 Rosmarinzweige
6 Lorbeerblätter
11 Esslöffel Olivenöl
Pfeffer aus der Mühle
20 dag Rucola
2 dag Pinienkerne
2 Esslöffel Balsamessig
Salz
Zucker
2 dag Basilikum

MITTEL
Zubereitungszeit: 1 Stunde 40 Minuten

Paradeiser und Pfirsiche kreuzweise einschneiden, in kochendem Wasser blanchieren, kalt abschrecken, schälen, halbieren, entkernen bzw. entsteinen.
Kräuter auf ein mit Backtrennpapier ausgelegtes Blech verteilen. Paradeiser sowie Pfirsiche auf die Kräuter legen, mit 3 Esslöffeln Olivenöl beträufeln und pfeffern. Im vorgeheizten Rohr bei 80–100 °C etwa 10 Minuten backen.
Rucola putzen, waschen und gut abtropfen lassen. Pinienkerne ohne Fett hellbraun rösten. Essig mit Salz, Pfeffer, Prise Zucker gut verrühren, restliches Olivenöl langsam dazugießen und – am besten mit der Schneerute – zu einer Emulsion rühren. Paradeiser und Pfirsiche nach und nach mit Rucola und Pinienkernen behutsam mit der Marinade vermengen.
Basilikumblätter grob zerpflücken und über den Salat streuen.
Ziegenkäse-Crostini passen hervorragend dazu: Fladenbrot (25 dag) waagrecht halbieren und im Rohr bei 200 °C etwa 10 Minuten rösten. 30 dag Ziegenkäse in Scheiben schneiden, auf die Schnittseite der Fladen legen und unter dem Grill oder bei starker Oberhitze etwa 3 Minuten überbacken.

Mehr Paradeiser geht nicht – eine Torte mit roten, vollreifen Paradeisern und saftigen Schalotten, „kopfüber“ im Rohr gebacken:

Paradeiser-Tarte Tatin

Zutaten für 12 Portionen
Mürbteig:
25 dag Mehl (glatt)
1 gestrichener Kaffeelöffel Salz
13 dag Butter
1 Ei
1 Esslöffel Milch
1 gestrichener Kaffeelöffel Staubzucker
Mehl (griffig) zum Ausarbeiten
Belag:
25 dag Schalotten
50 dag Flaschenparadeiser (etwa 10 Stück)
3 Esslöffel Öl
5 dag Staubzucker
Salz
Pfeffer aus der Mühle
20 dag junger Ziegenkäse
Basilikumblätter zum Bestreuen

AUFWÄNDIG
Zubereitungszeit: 1 Stunde (plus Rastzeit)

Teig: Mehl mit Salz vermengen. Kalte Butter in Würfel schneiden, mit Ei, Milch und Zucker zum Mehl geben und rasch verkneten. Teig auf einer bemehlten Arbeitsfläche zu einer Kugel formen und in Frischhaltefolie gewickelt etwa 30 Minuten kühl stellen.
Belag: Schalotten schälen, längs halbieren. Von den Paradeisern die Stielansätze keilförmig herausschneiden. Paradeiser der Länge nach halbieren und mit der Schnittfläche auf Küchenpapier legen.
Öl in einer Pfanne erhitzen, Schalotten portionsweise mit der Schnittfläche nach unten einlegen und bei geringer Hitze etwa 2–3 Minuten bräunen; anschließend wenden und weitere zwei Minuten braten.
Eine Tarteform (30 cm Durchmesser) auf dem Herd erwärmen. Staubzucker in einem Topf zu Karamell schmelzen und sofort in die Tarteform gießen; möglichst gleichmäßig darin verlaufen lassen. Form von der Hitze nehmen.
Abwechselnd Schalotten sowie Paradeiser mit der Schnittfläche nach unten kreisförmig auf den Karamell legen, salzen und pfeffern. Käse in 0,5 cm dicke Scheiben schneiden und gleichmäßig auf dem Gemüse verteilen.
Teig auf einer bemehlten Arbeitsfläche zu einer Scheibe (30 cm Durchmesser) ausrollen, auf die Form legen und den Rand festdrücken. Teigoberfläche mehrmals mit einer Gabel einstechen. Im vorgeheizten Rohr bei 180 °C etwa 40 Minuten backen. Hinweis: Falls die Teigoberfläche nach Ende der Backzeit noch nicht gebräunt ist, bei starker Oberhitze etwa 5 Minuten nachbräunen.
Tarte aus dem Ofen nehmen und eine Servierplatte darauf legen. Form und Platte mit zwei Topflappen fest anfassen, schnell umdrehen, sodass die Tarteform mit dem Boden nach oben auf der Servierplatte liegt. Etwa fünf Minuten überkühlen lassen. Mit einem schweren Messer auf den Formboden klopfen, Tarteform abheben. Paradeisertorte mit Basilikum bestreuen und lauwarm servieren.

Eine unnötige Ablenkung wäre es, zu meinem südlichen Ofengemüse Fleisch zu essen. Es reicht ein Glas Wein …

Südliches Ofengemüse

Zutaten für 4 Portionen
1 große Melanzani
Salz
1 Stangensellerie
1 roter Paprika
2 Zucchini
4 Paradeiser
2 Bund Jungzwiebeln
6 Esslöffeln Olivenöl
2 Kaffeelöffeln Kapern
2 Knoblauchzehen, fein gehackt
Salz
Pfeffer aus der Mühle
2 Esslöffel frische Kräuter, grob gehackt
10 dag Ziegenfrischkäse zum Bestreuen
2 Salbeiblätter, gehackt, zum Bestreuen

EINFACH

Zubereitungszeit: 1 Stunde (plus Marinierzeit)

Melanzani waschen, putzen und in Scheiben schneiden, beidseitig salzen, auf Küchenkrepp legen und etwa 1 Stunde auswässern lassen. Stangensellerie putzen, waschen und in dünne Scheiben schneiden. Roten Paprika putzen, entkernen, der Länge nach halbieren und in etwa 2 cm breite Streifen schneiden. Zucchini putzen und in Scheiben schneiden. Paradeiser kurz blanchieren, schälen, vierteln, entkernen und das Fruchtfleisch in kleine Stücke schneiden. Jungzwiebeln putzen, dunkelgrüne Enden entfernen und die Zwiebeln je nach Größe halbieren oder vierteln.
Gemüse schichtweise in eine mit Öl ausgestrichene Auflaufform legen. Jede Schicht mit Kapern, Knoblauch, Salz, Pfeffer würzen sowie mit frischen Kräutern bestreuen. Gemüse mit Olivenöl beträufeln und im vorgeheizten Rohr bei 180 °C etwa 30 Minuten backen. Ziegenfrischkäse grob zerbröseln, darüber streuen und bei starker Oberhitze 3–4 Minuten überbacken, bis der Käse leicht braun wird.
Gemüse mit Salbei bestreuen und warm mit Weißbrot servieren.

Wenn man das Glück hat, grüne Paradeiser zu finden, sollte man die Gelegenheit nutzen:

Eingelegte grüne Paradeiser

Zutaten für 4 Gläser à 1/2 Liter
1 kg kleine grüne Paradeiser
1/2 l Weißweinessig
2 Esslöffel Pfefferkörner
2 Lorbeerblätter
Salz
Pfeffer aus der Mühle
Zucker
100 g Schalotten
20 Basilikumblätter

EINFACH
Zubereitungszcit: 30 Minuten

Essig mit 1/4 Liter Wasser, Pfefferkörnern, Lorbeerblättern, Salz, Prise Pfeffer und Zucker aufkochen und etwa 5 Minuten kochen lassen. Paradeiser waschen, in saubere Gläser schlichten, dabei Basilikum zwischen die Früchte legen. Schalotten schälen und mit dem Essigsud aufkochen. Sud über die Paradeiser gießen. Hinweis: Die Paradeiser sollen etwa 1 cm mit dem Sud bedeckt sein. Gläser gut verschließen; kühl und dunkel lagern.
Anmerkung: Als ich klein war, regulierte die natürliche Reife unsere Genüsse. Meine Großmutter verstand es auch, die natürliche Unreife zu nützen, denn sie legte immer im späten Herbst grüne Paradeiser ein. Die letzten Jahre habe ich grüne Paradeiser wieder auf Märkten entdeckt. Sie schmecken nach den letzten Sonnenstrahlen des ausklingenden Sommers, aber auch schon nach Kälte und Regen des herannahenden Herbstes, würzig und ein bisschen säuerlich. Die eingelegten grünen Paradeiser gab es dann immer im Winter zum Grenadiermarsch oder zu Topfenhaluschka (s. S. 180).

SPARGEL

EINE VIEL ZU KURZE AFFÄRE

Was wird dem Spargel nicht alles nachgesagt! Dass er als Aphrodisiakum gilt, liegt zweifellos an der eindeutigen Form des Gemüses und der lustvollen Art des Verzehrs. Dicker, weißer Solospargel, nur mit pochiertem oder weich gekochtem Ei, die Spargelspitzen kurz in den Dotter tauchen – dieser Genuss ist wirklich mit nichts zu vergleichen! Wenn die Stangen frisch von den österreichischen Feldern kommen, muss man schon sehr verkrampft sein, um durch den Genuss nicht in allerbeste Stimmung zu geraten für die schönste Nebensache der Welt …

Der Spargel zählt zu den ältesten Kulturgemüsen, vermutlich stammt er aus Ägypten. Grabfresken zeigen Spargelbündel, die andeuten, dass er bereits vor mehr als 5000 Jahren als Aphrodisiakum geschätzt wurde. Die alten Griechen schätzten eher die medizinische Wirkung: Hippokrates aus Kos war überzeugt, dass junge, in Wein getunkte Spargelsprossen bei Gelbsucht und verstopfter Leber helfen.

Den Chinesen hingegen galten die „Barthaare des Drachen“ – so nannten sie den Wildspargel – als Delikatesse. Angebaut wurde der Spargel erstmals von den Römern, Cato d. Ä. schrieb sogar ein Buch darüber. Daher wissen wir, dass im Altertum nicht nur die Anbaumethoden, sondern sogar die Rezepte für Spargel den heutigen sehr ähnlich waren. Die Sauce Hollandaise stand (natürlich unter einem anderen Namen) schon auf der Tafel der römischen Kaiser. Und die Römer brachten den Spargel in unsere Gefilde. Doch mit dem Untergang des Römischen Reiches geriet er in Vergessenheit.

Erst ab dem Hochmittelalter kam wieder Schwung in die Geschichte des Spargels. Hieronymus Bock schrieb 1539 in seinem Kräuterbuch: „Spargel in der Speis genossen, bringt lustige Begierde der Männer“. Ludwig XIV. ernannte die flutschfreundlichen Stangen vor allem wegen ihrer angeblichen Wirkung zu seinem Lieblingsgemüse. Den Spargel liebten auch die Habsburger so sehr, dass er bei keinem Diner fehlen durfte, und wenn sich Kaiserin Sissi auf Sommerfrische befand, musste der Brünner Spargelbauer Worell nach Ischl liefern! Die Vorlieben des Hofs wurden vom Bürgertum eifrig übernommen, doch Krieg und Notzeiten drängten die Spargelkultur zurück.

Seit den 70er Jahren baut man im Marchfeld Spargel wieder verstärkt an. 1996 wurden die Bemühungen der Marchfelder Spargelbauern auch von offizieller Seite belohnt: Die EU erkannte den Begriff „Marchfeldspargel“ als geschützte Ursprungsbezeichnung an.

SORTEN: Es gibt mehr als 20 Sorten, die sich durch Farbe und Dicke der Stangen unterscheiden. Weißer Spargel – der Klassiker: Solange die Spargelstangen durch Erdreich vor Sonnenlicht geschützt sind, zeigen sie sich in nobler Blässe. Sobald der Spargel ans Licht kommt, verfärben sich die Köpfe zunächst blau und anschließend grün. Es gibt auch violetten Spargel, doch der nimmt beim Kochen eine unaufregende grün-graue Färbung an.

EINKAUF: Die leider immer viel zu kurze Spargelsaison – traditionell bis zum 24. Juni, dem Johannistag (Kirschen rot – Spargel tot!) – gilt es ausgiebig zu nutzen. Frischen Spargel erkennt man an glatten, feuchten Schnittflächen. Die Köpfchen müssen geschlossen sein. Die Stangen sollen quietschen, wenn man sie aneinander reibt. Weißer Spargel darf keine „rostigen" Flecken haben. Vorsicht, wenn er säuerlich riecht – Hände weg!
Spargel wird in drei unterschiedlichen Qualitätsklassen angeboten: Klasse Extra, Klasse I und Klasse II. Solo-Spargel ist keine gesetzlich verankerte Bezeichnung, Spargel der Klasse Extra wird oft unter dieser Bezeichnung angeboten. Spargel mit weniger als 1 cm Dicke wird als Suppenspargel verkauft.

LAGERUNG: Spargel hält sich, in feuchte Tücher gewickelt, im Gemüsefach des Kühlschranks bis zu zwei Tagen.

VERARBEITUNG: Nach dem Waschen die holzigen Enden abschneiden, den Spargel knapp unter dem Kopf beginnend dünn, zum unteren Ende hin dicker schälen. Durch geiziges Schälen kann man den besten Spargel verderben! Ausreichend geschälte Spargelstangen glänzen matt. Grüner Spargel wird nur dünn im unteren Drittel geschält. Damit die Stangen nicht brechen, den Spargel beim Schälen flach auf die Arbeitsfläche legen.
Spargel in kochendes Salzwasser mit etwas Zucker und Zitronensaft und einem großen Stück Butter legen, das verhindert das Austrocknen. Die Stangen werden so mit einem zarten Fettfilm überzogen. Das Mitkochen eines alten Stücks Weißbrotes ist nicht notwendig, es gilt nur für extrem bitteren Spargel – aber das ist ein Zeichen, dass er nicht mehr frisch ist! Die Kochzeit hängt von der Größe des Spargels ab. Als Richtzeit gelten 8–20 Minuten, Spargel muss kernig sein. Fertig gegarten Spargel gut abtropfen lassen, weil sonst die begleitende Sauce verwässert wird. Am besten lauwarm servieren.

Rustikal und raffiniert zugleich:

Weisser Spargel mit Erdäpfel-Lauch-Creme und geröstetem Speckschmarren

Zutaten für 4 Portionen
1,8 kg weißer Spargel
Salz
Kristallzucker
Zitronensaft
4 dag Butter
30 dag mehlige Erdäpfel
1 Zwiebel
4 dag Lauch
5 dag Butter
1/4 l Gemüsebouillon (Würfelsuppe)
15 cl Schlagobers
Pfeffer aus der Mühle
Muskat
2 Dotter
8 cl Crème fraîche
1 Esslöffel Apfelessig
1 Esslöffel Sauerampfer, gehackt
1 Esslöffel Schnittlauch, geschnitten

EINFACH
Zubereitungszeit: 1 Stunde 15 Minuten

Spargel waschen, schälen, Enden abschneiden und in mit Zucker, Spritzer Zitronensaft sowie Butter versetztem Salzwasser bissfest kochen.
Erdäpfel schälen, klein schneiden. Zwiebel schälen, fein würfelig schneiden. Lauch waschen, putzen und nur den weißen Teil fein schneiden. Alles in zerlassener Butter glasig anrösten, mit Gemüsebouillon und Schlagobers aufgießen, mit Salz, Pfeffer und Muskat würzen. Halb zugedeckt bei geringer Hitze etwa 15–20 Minuten weich kochen. Anschließend fein pürieren. Dotter in die heiße Erdäpfelcreme rühren, dann Crème fraîche unterrühren. Hinweis: Sauce darf nicht mehr kochen. Mit Salz, Pfeffer, Muskat und Apfelessig abschmecken. Vor dem Servieren Sauerampfer sowie Schnittlauch untermengen.

Speckschmarren

Zutaten für 4 Portionen
15 dag Frühstücksspeck
1 Esslöffel Öl
3 Eier
15 dag Mehl
1/4 l Milch
Salz
Pfeffer aus der Mühle
Muskat
2 dag Butter
1 Esslöffel Petersilie, gehackt

Speck in feine Würfel schneiden und in erhitztem Öl knusprig braten, aus der Pfanne nehmen und auf Küchenkrepp gut abtropfen lassen. Das ausgelassene Speckfett für die weitere Verwendung aufheben.
Eier trennen. Mehl mit Milch und Dottern zu einem glatten Teig rühren, salzen, pfeffern und mit Muskat würzen. Teig etwa 10 Minuten rasten lassen. Eiklar mit einer Prise Salz zu steifem Schnee schlagen und unterheben.
2 Esslöffel Speckfett in einer beschichteten Pfanne erhitzen, Teig eingießen und etwa 4 Minuten wie eine Palatschinke anbacken. Im vorgeheizten Rohr bei 180 °C noch etwa 10 Minuten backen; mit zwei Gabeln in Stücke reißen, Butter in einer Pfanne erhitzen und den Schmarren darin knusprig braten. Mit Petersilie bestreut zum Spargel servieren.

Eine samtweiche Sauce, die den Gaumen richtiggehend umschmeichelt … für ein Dippen bis zur letzten Stange:

Grüner Spargel mit Holunderblütensauce

Zutaten für 4 Portionen
1, 2 kg grüner Spargel
Kristallzucker
Salz
1/8 l weißen Portwein
1 Esslöffel Kristallzucker
3 dag Holunderblüten, abgerebelt
1 Esslöffel Zitronensaft
12 dag Butter
3 Dotter
Salz
Pfeffer aus der Mühle
Muskat

MITTEL
Zubereitungszeit: 40 Minuten

Spargelenden abschneiden. Spargel schälen und in mit etwas Zucker versetztem Salzwasser bissfest kochen.
Sauce: Wein mit Zucker, Holunderblüten sowie Zitronensaft vermengen, aufkochen lassen und bei geringer Hitze auf die halbe Menge einkochen. Von der Hitze nehmen und 10 Minuten ziehen lassen; Butter schmelzen und erhitzen, bis sich die Molke abgesetzt hat. Schaum abschöpfen.
Holunderwein abseihen, mit Dottern verrühren und über Dampf mit einer Schneerute schaumig aufschlagen. Das Volumen soll sich verdoppeln. Von der Hitze nehmen. Butter unter ständigem Schlagen langsam dazugießen und zu einer sämigen Sauce schlagen. Mit Salz, Pfeffer und Muskat abschmecken.
Spargel mit einem Lochschöpfer aus dem Wasser heben und gut abtropfen lassen; mit der Holunderblütensauce servieren.
Herrlich schmecken dazu Petersilieerdäpfel.

Ein originelles Spargelvergnügen – süße Spitzen für Naschkatzen:

Süsser Spargel in Bierteig

Zutaten für 4 Portionen
18 dag weißer Spargel
1 Packung Vanillezucker
4 dag Butter
Zitronensaft
Salz
Bierteig:
2 Eier
1/4 l helles Bier
2–3 Esslöffel Staubzucker
15 dag Mehl (glatt)

EINFACH
Zubereitungszeit: 40 Minuten

Spargel waschen, schälen und in mit Vanillezucker, Butter, Spritzer Zitronensaft versetztem Salzwasser etwa 15–20 Minuten – je nach Dicke der Spargelstangen – weich kochen; aus dem Wasser heben und gut abtropfen lassen.
Bierteig: Eier trennen. Dotter mit Bier, Prise Salz sowie Zucker glatt rühren, Mehl nach und nach unterrühren. Eiklar zu steifem Schnee schlagen und unterheben. Spargelstangen in den Teig tauchen und in heißem Fett etwa 2 Minuten schwimmend ausbacken; auf Küchenkrepp gut abtropfen lassen.
Dazu passen marinierte Erdbeeren (s. S. 34) und Nougatsauce: 12 dag Nougat in kleine Stücke schneiden. 1/8 l Schlagobers aufkochen, von der Hitze nehmen und Nougat darin schmelzen, gut verrühren.

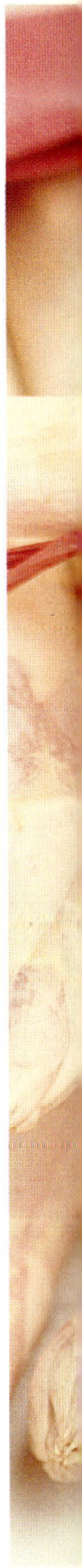

Reis mag ich am liebsten als „rührendes Erlebnis“ in Form eines molligen Risottos:

Risotto mit grünem Spargel

Zutaten für 4 Portionen
1 kg grüner Spargel
1 Kaffeelöffel Butter
2 Kaffeelöffel Salz
1 Kaffeelöffel Zucker
1 Zwiebel
6 dag Butter
35 dag Risottoreis
1 cl Weißwein (trocken)
1/4 l Schlagobers
4 dag Parmesan, frisch gerieben
etwa 1 Handvoll Kerbel

EINFACH
Zubereitungszeit: 45 Minuten

Spargel nur im unteren Drittel schälen. 1 1/2 l Wasser mit Butter, Salz, Zucker aufkochen und den Spargel darin etwa 10 Minuten bissfest kochen. Hinweis: Etwa 1 Liter Spargelfond beiseite stellen. Vom Spargel die Spitzen abschneiden.
Zwiebel schälen, fein würfelig schneiden und in zerlassener Butter glasig anrösten. Risottoreis beifügen und unter ständigem Rühren glasig anrösten. Mit Wein aufgießen und bei mittlerer Hitze einkochen lassen, bis der Reis die Flüssigkeit weitgehend aufgesaugt hat.
Etwa 1/8 l warmen Spargelfond dazu gießen und unter ständigem Rühren bei mittlerer Hitze so lange kochen, bis die Flüssigkeit wieder fast vollständig aufgesaugt ist. Restlichen Fond nach und nach während der Garzeit dazugießen. Schlagobers mit den Spargelstangen aufkochen, pürieren und mit Salz abschmecken. Risotto abwechselnd mit den Spargelspitzen und der Sauce auf einer Platte anrichten. Mit frisch geriebenem Parmesan bestreuen und mit Kerbel garnieren.

Zum süßen Schluss: Heiße Exotik – eiskalt serviert!

Erdbeer-Spargelkompott mit Ananassorbet

Zutaten für 4 Portionen
Ananassorbet:
20 dag Kristallzucker
80 dag Ananasfruchtfleisch
Erdbeer-Spargel-Kompott:
40 dag weißer Spargel
3 Esslöffel Kristallzucker
10 cl Weißwein (trocken)
20 cl Orangensaft
1/2 Vanilleschote
3 dag Ingwer, geschält und grob gehackt
3 Esslöffel Staubzucker
1/2 Kaffeelöffel Stärkemehl
25 dag Erdbeeren
Zitronenmelisse zum Garnieren

EINFACH
Zubereitungszeit: 50 Minuten (plus Kühlzeit)

Ananassorbet: 1/4 l Wasser mit Zucker bei geringer Hitze etwa 10 Minuten sirupartig einkochen lassen; von der Hitze nehmen. Ananasfruchtfleisch in kleine Würfel schneiden und nach und nach mit dem Zuckersirup vermengen. Anschließend pürieren, durch ein Sieb passieren; etwa 4 Stunden tiefkühlen. Immer wieder gut durchrühren.
Erdbeer-Spargelkompott: Spargel schälen und die Enden abschneiden. Spargelstangen schräg in etwa 3–4 cm große Stücke schneiden. Zucker in einem Topf hellbraun karamellisieren, mit Wein und Orangensaft aufgießen. Das Mark aus der Vanilleschote auskratzen. Vanillemark, -schote und Ingwer in den Orangensud geben und bei mittlerer Hitze auf die Hälfte einkochen lassen. Orangensud durch ein Sieb in eine Schüssel seihen.
Staubzucker in einem Topf hellbraun karamellisieren, Spargel beifügen und unter Rühren so lange erhitzen, bis der Spargel leicht mit Karamell überzogen ist. Orangensud dazu gießen und bei mittlerer Hitze etwa 4 Minuten kochen lassen. Stärkemehl mit 3 Esslöffeln Wasser glatt rühren und den Sud damit binden; abkühlen lassen. Erdbeeren waschen, putzen, vierteln und in den kalten Sud einlegen.
Sorbet nochmals durchrühren, in einen Spritzsack mit großer, glatter Tülle füllen, auf das Erdbeerspargel-Ragout dressieren und mit Zitronenmelisse garniert anrichten.

Spargel und Erdbeeren einmal ganz anders:

Erdbeer-Spargel-Tiramisu

Zutaten für 4–6 Portionen
5 Dotter
10 dag Staubzucker
1 Packung Vanillezucker
Prise Salz
Schale von 1 Orange (unbehandelt), abgerieben
20 dag Mascarpone
3 Eiklar
5 dag Kristallzucker
10 cl geschlagenes Schlagobers
25 dag Erdbeeren
15 dag gekochter weißer Spargel
etwa 1/4 l starker Kaffee
4 Esslöffel Orangenlikör
etwa 40 Biskotten
Kakaopulver zum Bestreuen
Erdbeeren zum Garnieren

EINFACH

Zubereitungszeit: 45 Minuten (plus Kühlzeit)

Dotter mit Zucker, Vanillezucker, Prise Salz mit dem Handrührgerät etwa 10 Minuten zu einer dickschaumigen Creme schlagen. Orangenschale und den Mascarpone nach und nach unterrühren; kalt stellen. Erdbeeren waschen, putzen und in Scheiben schneiden. Spargel der Länge nach halbieren. Eiklar mit Zucker zu steifem Schnee schlagen. Abwechselnd mit Schlagobers unter die Creme heben. Kaffee mit Likör vermischen. Die getränkten Biskotten schichtweise mit der Creme, den Erdbeeren und dem Spargel in eine flache Schüssel oder nicht zu hohe Auflaufform füllen. Mit Mascarpone abschließen und zugedeckt mindestens 6 Stunden kalt stellen. Tiramisu vor dem Anrichten mit Kakaopulver bestreuen, in Portionen teilen und mit Erdbeeren garniert servieren.
Tipp: Wenn die Spargelzeit zu Ende ist, verwende ich nur Erdbeeren.

Anmerkung: „Tiramisu“ bedeutet „Heb mich auf“ oder „Zieh mich hoch“, und so wirkt ja dieses Dessert dank des Kaffees und des Zuckers in der Tat. Überraschenderweise lässt sich die Geschichte des modernen Rezeptes nur bis etwa 1970 in die Stadt Treviso in Norditalien zurückverfolgen. Aber ähnliche Desserts stammen aus der Zeit der Renaissance, sie sind aus Siena über Florenz und andere Städte ins Veneto und dann nach Treviso gewandert.

Liebe auf den ersten Biss …

Spargel mit Ei

Zutaten für 4 Portionen (als kleines Gericht)
80 dag weißer Spargel
1 Kaffeelöffel Salz
1/2 Kaffeelöffel Kristallzucker
Zitronensaft
2 dag Butter
4 Eier
Muskat

EINFACH
Zubereitungszeit:

Spargel waschen, schälen und Enden abschneiden. Wasser mit Salz, Kristallzucker, Spritzer Zitronensaft und Butter zum Kochen bringen. Spargelstangen beifügen und bei mittlerer Hitze etwa 10 Minuten kochen. Hinweis: Die genaue Garzeit richtet sich nach der Stärke der Spargelstangen. Den Spargel aus dem Wasser heben, gut abtropfen lassen. Eier 4 Minuten kochen, abschrecken, schälen, behutsam halbieren und den Dotter über die Spargelspitzen fließen lassen, mit frisch geriebener Muskatnuss nur „bestäuben" – fertig!

Bei Spargel halte ich mich an schlichte Rezepte, damit der zarte Geschmack voll zur Geltung kommt, hier ein Klassiker:

Spargel mit Sauce Vinaigrette

Zutaten für 4 Portionen
Sauce Vinaigrette:
2 Eier, hart gekocht, geschält
1 kleine Zwiebel (3 dag), geschält
2 Essiggurken (3 dag)
1 Kaffeelöffel Kapern, eingelegt
3 dag Paradeiser
2 cl Essig
Salz
Pfeffer aus der Mühle
Zucker
Estragonsenf
1/8 l Öl
1 Esslöffel Petersilie, gehackt
1 Esslöffel Schnittlauch, fein gehackt
1,6 kg weißer Spargel
Spritzer Zitronensaft
4 dag Butter

EINFACH
Zubereitungszeit: 40 Minuten (plus Marinierzeit)

Dotter und Eiweiß getrennt fein hacken. Zwiebel mit den Gurken sehr fein hacken. Paradeiser blanchieren, abschrecken, schälen, vierteln, entkernen und in feine Würfel schneiden. Essig mit Salz, Pfeffer, Prise Zucker und Senf gut verrühren, Öl nach und nach dazugießen. Alle Zutaten und Kräuter beigeben, abschmecken. Vinaigrette etwa 1–2 Stunden im Kühlschrank ziehen lassen. Spargel waschen, schälen, Enden abschneiden, in mit Zucker, Spritzer Zitronensaft sowie Butter versetztem Salzwasser bissfest kochen. Spargel aus dem Wasser heben und gut abtropfen lassen. Lauwarm mit der Sauce Vinaigrette servieren.

Fleisch

FLEISCH

HÖCHSTE LUST IN DEN KOCHTÖPFEN

Rinderwahn, Massentierhaltung, Wachstumsförderer … meine Lust auf Fleisch hielt sich bis vor einigen Jahren in Grenzen, doch dann hatte ich in einem kleinen Wirtshaus eine Begegnung der dritten Art, und zwar mit einem Bauernschmaus: Ein herrlich duftendes Gabelkraut mit einer Schnitte Schweinsbratl, dazu etwas vom Geselchten und ein kleinfingerdickes Bratwürstel … sanft abgerundet mit dem natürlichen Saft. So überirdisch gut hatte ich Schweinefleisch schon lange nicht mehr gegessen. Kein bleiches, wässriges Fleisch, sondern ein ganz zartes, mit knuspriger Speckschwarte und unnachahmlich feinem Aroma. Hier ist etwas passiert! Die Zeiten der Riesenportionen sind vorbei, klein wird wieder gleichgesetzt mit fein. Wenn man bewusst genießt, dann kann man auch ein bisserl Fett riskieren. Denn der wahre Genuss ist kluge Selbstbeschränkung und – für mich – das Auskosten einer Mäßigung, die man sich selbst auferlegt.

Fleisch und Fleischeslust – was damit alles verbunden ist! Freude, Gier, Macht, Mythos, Tod und Leben …
In unserer Zeit ist Fleisch zur Selbstverständlichkeit geworden. Doch früher musste es erjagt, nach der Domestizierung der Tiere gegen Feinde verteidigt werden. Fleisch war seit dem Altertum vornehmlich Speise der Männer – „Fleisch ist männlich", schreiben Gert von Paczensky und Anna Dünnebier in ihrer lesenswerten Kulturgeschichte des Essens und Trinkens und meinen damit sicherlich nicht nur die Gleichsetzung von Mann – Jagd – Fleisch, sondern auch die Benachteiligung der Frau bei der Fleischzuteilung. Männer schlachteten die Tiere, zogen ihnen die Haut ab, teilten das Fleisch und aßen natürlich auch den größten Teil. Und ist es auf traditionellen Bauernhöfen nicht auch noch so, dass das männliche Familienoberhaupt die größten Bratenstücke bekommt?
Fleisch stand Jahrtausende lang für Wohlstand und Glück, aber auch für Mythen aller Art, es galt als eine der Götter würdige Opfergabe. In allen Weltreligionen gibt es Götterspeisen und ich habe den Eindruck, dass die Götter keineswegs Vegetarier waren – sie wollten Fleisch: Büffel, Lämmer, Ziegen und wenn es halt gerade nichts in dieser Dimension gab, waren sie auch mit Henderln und anderem Kleingetier zufrieden. Übrigens, besonders listig stellten es die Griechen an, sie opferten ihren Göttern Knochen und Fett, das Fleisch aßen sie selber.

RIND & KALB

SORTEN: Das beste Fleisch liefern Jungrinder (etwa 10 Monate alt, hellrotes, mageres Fleisch); Kalbinnen (junge, ausgewachsene Kühe, sie haben noch kein Kalb geboren, ihr Fleisch ist hellrot); Mastochsen (kastrierte männliche Rinder, sehr dunkelrotes Fleisch mit intensivem Eigengeschmack) und Jungstiere (ausgewachsene männliche Rinder, kräftig rotes, mageres Fleisch).

EINKAUF: Hochwertige niederösterreichische Rinderrassen wachsen langsam und das zeichnet sie natürlich auch aus: Ihr Fleisch ist in idealer Weise von Fett durchzogen, das ergibt den erstklassigen Geschmack, denn Fett ist Geschmacksträger.
Rindfleisch muss reifen, hellrote Stücke sind zu frisch. Der Reifeprozess dauert zwei bis drei Wochen, das Fleisch wird dabei zarter und im Aroma besser. Gut „abgehangenes" Rindfleisch erkennen Sie an der etwas dunkleren, kräftig roten Farbe. Bei der Druckprobe behält es den Fingereindruck. Das Fleisch sollte eine schöne Marmorierung haben, also mit feinen Fettäderchen durchzogen sein. Diese schmelzen beim Garen, das Fleisch bleibt immer zart und saftig!

LAGERUNG: Fleisch immer sofort aus der Verpackung nehmen, trocken tupfen. Frischfleisch in einer Schüssel zugedeckt im kältesten Teil des Kühlschranks aufbewahren (bis zu drei Tagen). Pinseln Sie das Fleisch rundum mit Öl ein, der dadurch bedingte Luftabschluss schützt es weitgehend vor dem Austrocknen und verlängert die Haltbarkeit.
Hinweis: Nicht in Alufolie wickeln, Geschmack, Geruch und Farbe werden durch den Sauerstoffabschluss ungünstig beeinflusst.
Einfrieren: Rindfleisch ist je nach Fettgehalt zwischen zwei und acht Monate tiefgekühlt haltbar.

VERWENDUNGSTIPP: Zum Kochen eignen sich Beinfleisch, Tafelspitz, mageres Meisel, Kavalierspitz, Schulterscherzel, weißes Scherzel, Rieddeckel.
Dünsten: Rostbraten, Beiried und Lungenbraten, dicke Schulter, Schulterscherzel, Tafelspitz, mageres Meisel, Schlepp, Hüferschwanzel.
Gulasch und Ragouts: Der Wadschinken – mit hohem Sehnenanteil – ist das klassische Gulaschfleisch. Schulterscherzel, dicke Schulter, Nuss.
Braten: Rostbraten, Beiried und Lungenbraten, mageres Meisel, Hüferscherzel, Tafelspitz.
Grillen: Rostbraten, Beiried, Lungenbraten.
Schnitzel und Rouladen: Nuss, Schale, Tafelstück, weißes Scherzel und Rostbraten.

Suppen geben uns nach einer „durchdrahten" Nacht oder einem harten Tag neuen Elan.

Rindsuppe

Zutaten für 6 Portionen
50 dag Rindsknochen
30 dag Suppengrün
1 kleine Zwiebel
50 dag Rindfleisch (Schulter oder Brust)
1 Kaffeelöffel Pfefferkörner
Prise Muskat
1–2 Liebstöckelblätter
Petersilienstiele

EINFACH
Zubereitungszeit: 3 Stunden

Knochen waschen, reichlich Wasser aufkochen, Knochen einlegen und aufkochen. Knochen abseihen, kalt abschrecken. Rindfleisch zusammen mit Rindsknochen in 3 l kaltem Wasser aufsetzen. Suppe zum Kochen bringen. Zwiebel halbieren. Suppengrün waschen und zusammen mit der Zwiebel (samt Schale), Pfefferkörnern, Liebstöckel sowie Petersilienstielen zugeben. Suppe bei geringer Hitze etwa 2 Stunden 30 Minuten kochen lassen. Aufsteigenden Schaum immer wieder mit einem Lochschöpfer abschöpfen. Nach etwa 1 Stunde Suppe salzen und mit Prise Muskat würzen.
Rindsuppe durch ein Spitzsieb abseihen und, falls notwendig, mit Salz abschmecken.
Hinweis: Für die Zubereitung einer dunklen oder braunen Rindsuppe werden die halbierte Zwiebel (samt Schale) und das Suppengemüse zuvor in etwas Fett angeröstet.

Lebernockerln

Zutaten für 8 Nockerln
4 dag Weißbrot
15 dag Rindsleber
1 kleine Zwiebel
1 Knoblauchzehe
2 Esslöffel Butter
1 Ei
4 dag Semmelbrösel
1/2 Kaffeelöffel Majoran (getrocknet)
1–2 Esslöffel Petersilie, gehackt
Salz
Pfeffer aus der Mühle

EINFACH
Zubereitungszeit: 30 Minuten (plus Rastzeit)

Weißbrot klein würfelig schneiden, mit 1/8 l lauwarmem Wasser übergießen und etwa 10 Minuten rasten lassen.
Leber klein würfelig schneiden. Zwiebel sowie Knoblauch schälen und fein würfelig schneiden; in zerlassener Butter glasig anrösten, von der Hitze nehmen und überkühlen lassen. Brot gut ausdrücken und zusammen mit der Leber sowie der Zwiebel-Knoblauchröstung fein faschieren. Masse mit Ei, Bröseln, Majoran und Petersilie vermengen und zugedeckt etwa 30 Minuten kalt stellen.
Aus der Masse mit einem immer wieder in kaltes Wasser getauchten Esslöffel Nockerln formen, in kochendes Salzwasser einlegen und bei geringer Hitze etwa 8–10 Minuten gar ziehen lassen. Nockerln mit einem Lochschöpfer aus dem Wasser heben und mit heißer Rindsuppe anrichten.

Ein Klassiker:

Marinierter Rindsbraten

Zutaten für 6 Portionen
Marinade:
1/2 l Rotwein (Blauer Portugieser)
2 Lorbeerblätter
5 Wacholderbeeren
2 Rosmarinzweige
1 Thymianzweig
5 Pfefferkörner
1,2 kg Beiried
Salz
Pfeffer aus der Mühle
3 Esslöffel Senf
15 dag Frühstücksspeck, in Scheiben geschnitten
1/8 l Crème fraîche
1 Esslöffel Preiselbeerkompott

MITTEL
Zubereitungszeit: 2 Stunden 45 Minuten (plus Marinierzeit)

Marinade: Rotwein mit 1/2 l Wasser, Kräutern und Gewürzen aufkochen und etwa 10 Minuten wallend kochen lassen; von der Hitze nehmen und auskühlen lassen.
Beiried in ein passendes Gefäß legen, mit der Marinade übergießen und zugedeckt mindestens 8 Stunden kalt stellen.
Fleisch aus der Marinade nehmen und gut abtropfen lassen. Die Marinade bis zur Weiterverarbeitung beiseite stellen.
Fleisch rundum salzen und pfeffern und mit Senf bestreichen.
Boden einer Bratwanne mit den Speckscheiben dachziegelartig auslegen. Fleisch darauf geben und mit der halben Menge der Marinade untergießen. Zugedeckt im vorgeheizten Rohr bei etwa 180 °C etwa 2 Stunden dünsten lassen. Dabei mit restlicher Marinade nach und nach aufgießen.
Hinweis: Das Fleisch nach einer Stunde Bratzeit wenden.
Fleisch aus der Bratwanne nehmen und warm stellen. Sauce durch ein Sieb seihen. Crème fraîche mit Preiselbeerkompott gut verquirlen, in die Sauce rühren und etwa 10 Minuten bei geringer Hitze kochen lassen. Sauce mit Salz sowie Pfeffer abschmecken.
Fleisch in Scheiben schneiden und mit der Sauce anrichten.
Dazu passen Nuss-Spatzen sehr gut:

Nuss-Spatzen

Zutaten für 4 Portionen (als Beilage)
40 dag Mehl (glatt)
6 dag zerlassene Butter
2 Eier
1 Dotter
15 cl Milch
1/2 Kaffeelöffel Salz
Muskat
3 Esslöffel gutes Nussöl
6 dag Walnüsse, fein gehackt

EINFACH
Zubereitungszeit: 40 Minuten

Mehl mit flüssiger Butter, Eiern, Dotter und Milch glatt rühren. Mit Salz und Muskat würzen. Mit einem kleinen Löffel Nockerl abstechen und in siedendes Salzwasser legen. Nockerln abseihen, heiß abschwemmen. Nussöl in einer Pfanne erwärmen, die Nockerln darin schwenken, halbe Menge der Nüsse unterrühren. Nuss-Spatzen zum Rindsbraten anrichten. Vor dem Servieren mit den restlichen Walnüssen bestreuen.

Der Name täuscht ein wenig, der Geschmack enttäuscht keinesfalls:

Vanillerostbraten mit Erdäpfelkrapfen

Zutaten für 4 Portionen
4 Scheiben gut abgelegener Rostbraten (à 18 dag), von der Rostbratenried oder Beiried
2 Knoblauchzehen, zerdrückt
Salz
Pfeffer aus der Mühle
Mehl (glatt) zum Stauben
4 Esslöffel Öl
4 dag Butter
5 Knoblauchzehen, geschält
1/4 l Bouillon

EINFACH
Zubereitungszeit: 45 Minuten

Rostbraten mit der glatten Seite des Fleischklopfers vorsichtig zwischen Frischhaltefolie klopfen, Folie entfernen und das Fleisch beidseitig mit Knoblauch, Salz sowie Pfeffer würzen. Das Fleisch auf einer Seite mit Mehl bestauben. Rostbraten in heißem Öl, bei mittlerer Hitze, auf beiden Seiten anbraten. Butter beifügen und einmal aufschäumen lassen. Knoblauch feinblättrig schneiden, dazugeben und kurz mitbraten. Mit Bouillon aufgießen und Rostbraten etwa 10–15 Minuten halb zugedeckt weich dünsten. Eventuell Sauce mit Salz abschmecken.
Zum Vanillerostbraten schmecken knusprige Erdäpfelkrapfen.

Erdäpfelkrapfen

Zutaten für 4 Portionen
20 dag mehlige Erdäpfel
Salz
1/8 l Milch
3 dag Butter
4 dag Mehl (glatt)
1 Ei
Pfeffer aus der Mühle
Muskat
Fett zum Ausbacken

Erdäpfel in Salzwasser kochen, abseihen, ausdämpfen und etwas überkühlen lassen. Inzwischen Milch mit Butter und Prise Salz aufkochen, Mehl unterrühren und so lange rühren, bis sich der Teig vom Kochtopfboden löst. Teig in eine Schüssel geben und etwas auskühlen lassen. Ei unterrühren. Erdäpfel schälen, durch die Erdäpfelpresse in den Teig drücken und gut vermengen; kräftig mit Salz, Pfeffer sowie Muskat würzen.
Mit Hilfe zweier Esslöffel Nocken formen und in heißem Fett etwa 3–4 Minuten knusprig ausbacken. Hinweis: Esslöffel immer wieder in Fett tauchen. Die Krapfen auf Küchenkrepp gut abtropfen lassen und zum Vanillerostbraten servieren.
Anmerkung: In gehobenen Haushalten pflegte man die Speisen mit teuren Gewürzen aus Übersee zu verfeinern, wobei sich vor allem die Vanilleschote eines besonders exklusiven Rufs erfreute. Und da sich eine Familie mit einem kleineren Haushaltsbudget kaum eine Vanilleschote leisten konnte, ersetzte man sie kurzerhand durch Knoblauch. Der war für jedermann erschwinglich, aber geschmacklich mit der Vanille keineswegs vergleichbar. Sein scharfer Geruch war wohl auch der Grund, warum er in feineren Haushalten mit einer gewissen Verachtung behandelt wurde. Auf diese Weise bekam das Gewürz den schmückenden Beinamen „Vanille des kleinen Mannes" – und der Vanillerostbraten seine elegante Bezeichnung.

Für Häferlgucker – das gute Ende vom Ochsen:

Ochsenschlepp mit Äpfeln

Zutaten für 4–6 Portionen
2 kg Ochsenschlepp, in Scheiben geschnitten
Salz
Pfeffer aus der Mühle
5 Esslöffel Butterschmalz
50 cl Apfelmost
1 l Rindsbouillon
6 schwarze Pfefferkörner
6 Korianderkörner, zerdrückt
60 dag Suppengrün
25 dag Zwiebeln
35 dag Äpfel (Boskop, Cox Orange), geschält, in Würfeln
4 Majoranzweige
2 Esslöffel Petersilie, gehackt

EINFACH
Zubereitungszeit: 3 Stunden

Ochsenschlepp-Scheiben salzen, pfeffern und in einer Bratwanne in heißem Fett kräftig anbraten. Mit Most sowie Bouillon aufgießen, Pfeffer- und Korianderkörner beifügen und zugedeckt im vorgeheizten Rohr bei 180 °C etwa 2 Stunden dünsten.
Suppengrün putzen, waschen und in etwa 1 cm große Stücke schneiden. Hinweis: Lauch vom Suppengrün beiseite legen. Zwiebeln schälen und in etwa 1 cm große Würfel schneiden, mit dem Suppengrün zum Ochsenschwanz geben und noch 30 Minuten bei 180 ° dünsten lassen.
Apfelwürfel mit den Lauchwürfeln zum Ochsenschwanz geben und weitere 10 Minuten dünsten.
Bratwanne aus dem Rohr nehmen. Majoran von den Zweigen zupfen, fein hacken und mit der Petersilie untermengen. Ochsenschlepp mit Salz und Pfeffer abschmecken und in der Bratwanne servieren. Dazu passt ein

Sauerkraut-Scheiterhaufen

Zutaten für 4–6 Portionen (als Beilage)
3 Semmeln vom Vortag (à etwa 4 dag)
30 dag Zwiebeln
12 dag Hamburgerspeck, in Scheiben geschnitten
3 Esslöffel Schmalz
35 dag Sauerkraut
1/4 Schlagobers
15 cl Milch
4 Eier
Salz
Pfeffer aus der Mühle
Muskat
Butter für die Form

EINFACH
Zubereitungszeit: 1 Stunde 30 Minuten

Semmeln in dünne Scheiben schneiden. Zwiebeln schälen, längs halbieren und dünnblättrig schneiden. Speck in feine Streifen schneiden, in Schmalz knusprig auslassen, Zwiebeln beifügen und kurz mitrösten. Sauerkraut (falls notwendig kurz waschen) gut ausdrücken und untermengen. Sauerkrautröstung mit den Semmeln vermengen.
Schlagobers mit Milch und Eiern glatt rühren, mit Salz, Pfeffer sowie Muskat würzen.
Sauerkraut-Semmelmasse gleichmäßig in eine bebutterte Auflaufform füllen, mit der Eiermilch übergießen und im vorgeheizten Rohr bei 180 °C etwa 50 Minuten backen.
Heiß zum Ochsenschlepp servieren.
Hinweis: Man kann den Ochsenschlepp schon im Voraus zubereiten und, kurz bevor der Scheiterhaufen fertig ist, aufwärmen.

Nach dem Motto: Mit der Zeit wird alles gut …

Geschmorte Rindsbacken mit Schalotten

Zutaten für 4–6 Portionen
15 dag Zwiebeln
12 dag Karotten
10 dag Stangesellerie
1, 2 kg Rindsbacken, beim Fleischhauer vorbestellen
Salz
Pfeffer aus der Mühle
4 Esslöffel Öl
15 cl Rotwein (trocken)
1 Lorbeerblatt
8 schwarze Pfefferkörner
40 cl Rindsbouillon
50 dag Schalotten
4 dag Kristallzucker
2–3 Esslöffel Balsamicoessig
15 cl Weißwein (trocken)
1 Lorbeerblatt
3 Thymianzweige
Pfeffer aus der Mühle

EINFACH
Zubereitungszeit: 5 Stunden 30 Minuten

Zwiebeln schälen und feinwürfelig schneiden. Karotten und Sellerie putzen, waschen und in feine Würfel schneiden. Rindsbacken salzen und pfeffern, in erhitztem Öl rundum etwa 2 Minuten kräftig anbraten; herausnehmen. Zwiebeln, Karotten und Sellerie in den Bratrückstand geben und bei mittlerer Hitze etwa 6–8 Minuten rösten, mit Rotwein aufgießen und fast zur Gänze einkochen lassen. Rindsbacken, Lorbeerblatt, Pfefferkörner, Bouillon und etwa 15 cl Wasser beifügen und zugedeckt im vorgeheizten Rohr bei 150 °C etwa 4 Stunden 30 Minuten schmoren. Das Fleisch öfter wenden.

Inzwischen Schalotten schälen und in Salzwasser etwa 6 Minuten kochen, abseihen, kalt abschrecken und gut abtropfen lassen. Zucker bei geringer Hitze schmelzen, Zwiebeln beifügen, mit Essig sowie Wein aufgießen und bei mittlerer Hitze etwa 3 Minuten kochen lassen. Lorbeer und Thymian beifügen und weitere 3 Minuten kochen; salzen und pfeffern.

Fleisch aus der Sauce nehmen, warm stellen. Lorbeer, Thymian und Pfefferkörner entfernen, Sauce mit dem Stabmixer pürieren und sämig einkochen lassen. Rindsbacken jeweils in Stücke schneiden, mit Sauce und Schalotten anrichten.

„Die goldene Mittelstraße zwischen dem Nierenbraten und dem Rippenstück“ nennen Habs und Rosner dieses Gericht:

Gefüllte Kalbsbrust

Zutaten für 5 Portionen
1 Kalbsbrust (2,3 kg = etwa 1, 8 kg ausgelöst)
Semmelfülle:
15 dag Weißbrot, entrindet
1/4 l Milch
1 kleine Zwiebel
10 dag Champignons
8 dag Butter
5 Dotter
Salz
Pfeffer aus der Mühle
Muskat
2 Esslöffel Petersilie, gehackt
3 Eiklar
12 dag Butterflocken

AUFWÄNDIG
Zubereitungszeit: 3 Stunden 20 Minuten

Kalbsbrust am besten vom Fleischhauer auslösen und zum Füllen vorbereiten lassen.
Hinweis: Die ausgelösten Rippenknochen werden als Bratenunterlage benötigt!
Fülle: Weißbrot klein würfelig schneiden und in Milch einweichen. Zwiebel schälen und klein würfelig schneiden. Champignons putzen, blättrig schneiden und zusammen mit der Zwiebel in 2 dag zerlassener Butter anrösten; von der Hitze nehmen. Restliche weiche Butter schaumig rühren, Dotter nach und nach unterrühren, mit Salz, Pfeffer sowie Muskat würzen. Petersilie und Champignon-Zwiebelröstung untermengen. Eiklar mit Prise Salz zu steifem Schnee schlagen. Weißbrot gut ausdrücken und abwechselnd mit dem Schnee unter den Dotterabtrieb heben.
Kalbsbrust innen und außen salzen und mit der Semmelfülle füllen. Öffnung mit Spagat zusammennähen.
Rippenknochen in eine Bratwanne legen, Brust mit der schönen Seite nach unten auf die Knochenunterlage legen und mit Butterflocken belegen. Die Kalbsbrust im vorgeheizten Rohr bei 220 °C etwa 15 Minuten braten. Mit 1/8 l Wasser untergießen, bei 200 °C etwa 30 Minuten braten. Kalbsbrust wenden und bei 180 °C weitere 80 Minuten braten. Während des Bratens mit etwa 1/8 l Wasser aufgießen; Kalbsbrust öfter mit Bratensaft übergießen.
Kalbsbrust aus der Bratwanne nehmen; rasten lassen. Bratensaft abseihen und einmal aufkochen lassen. Spagat entfernen, Kalbsbrust in Scheiben schneiden und mit Bratensaft anrichten.
Als Beilage passen Gurken-, Häuptel- oder Paradeisersalat.

SCHWEIN

Bei den alten Ägyptern und Germanen war das Schwein Sinnbild der Fruchtbarkeit und des Glücks. Die christliche Lehre lehnte Schweinefleisch zuerst als „unrein" ab, doch nach und nach verlor sich diese Einstellung und ab dem 10. Jahrhundert wurden bereits die ersten Osterschinken gesegnet. Als Glücksbringer hat sich die heidnische Wertschätzung bis heute erhalten: Man denke nur an das Glückschwein oder an den Saurüssel, in den viele zu Silvester beißen, um sich Glück und Segen für das neue Jahr zu sichern.

EINKAUF: Gutes Fleisch riecht angenehm frisch, hat eine kräftige rosa Farbe mit weißen Fetträndern und ist idealerweise von zarten Fettäderchen durchzogen. Die Konsistenz ist kompakt, das heißt, das Fleisch gibt auf Fingerdruck leicht nach.
Achten Sie darauf, dass Fleisch immer quer zur Faser geschnitten wird – so sind die Fasern kurz und zart.

LAGERUNG: Aus der Verpackung nehmen und zugedeckt nicht länger als 2–3 Tage im Kühlschrank lagern. Zartes Fleisch leicht mit Öl einreiben, so trocknet es nicht aus.
Einfrieren: Schweinefleisch ist – je nach Fettgehalt – eingefroren 2–10 Monate haltbar.

VERARBEITUNG: Schnitzel mit der glatten Seite des Fleischklopfers behutsam klopfen. Fettränder erst nach der Zubereitung wegschneiden, da das Fleisch beim Garen durch das Fett geschmackvoller wird.
Koteletts und Medaillons nicht klopfen, nur mit dem Handballen leicht auseinander drücken. Bei Koteletts den Fettrand mehrmals einschneiden, damit sich das Fleisch beim Braten nicht wölbt.
Kleiner als 1 kg sollte ein Braten nicht sein, er wird sonst zu trocken. Das Fleisch sollten Sie mindestens 1 Stunde vor der Zubereitung aus dem Kühlschrank nehmen, damit es gut temperiert ist.

VERWENDUNGSTIPP: Natürlich sind die Geschmäcker verschieden, aber es empfiehlt sich, für jede Zubereitungsart das geeignete Stück auszuwählen.
Backen: Langes und kurzes Karree, Schlussbraten, alle Teile vom Schlögel.
Braten: Schopfbraten, langes und kurzes Karree, Schlussbraten, Lungenbraten, alle Teile vom Schlögel, Stelze, Brust und Bauchfleisch.
Dünsten: Schulter.
Kochen: Stelze, Brust, Bauchfleisch, Rüssel, Kopf, Göderl, Haxel.
Grillen: Langes und kurzes Karree, Schlussbraten, alle Teile vom Schlögel.

WÜRZTIPP: Fleisch nur auf einer Seite salzen, stets auf der ungesalzenen Seite anbraten.

Ostern ohne Schinken sind für mich nur schwer vorstellbar:

Osterschinken im Brotteig

Zutaten für etwa 6 Portionen
25 dag Weizenvollkornmehl Type 1150
50 dag Roggenmehl
525 ml Bier
2,5 dag Germ
Prise Staubzucker
1 Kaffeelöffel Honig
2 dag Salz
1 dag Butter
Mehl (griffig) zum Ausarbeiten
1 kg Rollschinken
3 Esslöffel Kren, gerieben
1 Kaffeelöffel Estragonsenf
Kümmel zum Bestreuen

AUFWÄNDIG
Zubereitungszeit: 1 Stunde 30 Minuten (plus Rastzeit)

Beide Mehlsorten in eine Schüssel sieben.
Dampfl: 1/8 l Bier mit zerbröselter Germ und Prise Zucker gut verrühren, 20 dag des vorbereiteten Mehles beifügen, gut verrühren; Dampfl mit einem Esslöffel Mehl bestreuen und zugedeckt an einem warmen Ort etwa 15 Minuten gehen lassen. Das Volumen soll sich verdoppeln.
Dampfl mit dem restlichen Mehl, Bier, Honig, Salz, zerlassener Butter zu einem glatten, geschmeidigen Teig verarbeiten. Germteig zugedeckt an einem warmen Ort etwa 40 Minuten gehen lassen.
Den Selchroller (ohne Netz) in heißem Wasser etwa 90 Minuten bei geringer Hitze kochen; auskühlen lassen. Rollschinken mit einem scharfen Messer dreimal über die gesamte Länge etwa 1,5 cm tief einschneiden; Kren mit Senf verrühren und in die Einschnitte streichen.
Brotteig auf einer bemehlten Arbeitsfläche nochmals kräftig durchkneten und etwa 1,5 cm dick zu einer ovalen Platte ausrollen.
Schinken in den Teig einrollen und den „eingepackten“ Schinken mit der Teignaht und Teigenden nach unten auf ein mit Backtrennpapier ausgelegtes Blech setzen. Mit kaltem Wasser bestreichen, mit Kümmel bestreuen und im vorgeheizten Rohr bei 200 °C etwa 1 Stunde backen.
Tipp: Zur Dampfentwicklung eine Schüssel mit Wasser ins Backrohr stellen.
Osterschinken mit Eierkren und Vogerlsalat servieren.

Eierkren

Zutaten für 6 Portionen
6 hart gekochte Eier
3 Esslöffel Kren, frisch gerieben
1 1/2 Esslöffel Weißweinessig
15 cl Sauerrahm
Salz
Pfeffer aus der Mühle

EINFACH
Zubereitungszeit: 10 Minuten

Eier schälen und fein hacken. Kren mit Essig vermengen. Rahm glatt rühren, gehackte Eier und Kren untermengen und mit Salz sowie Pfeffer abschmecken.
Anmerkung: Am Karsamstag musste das Geselchte fertig sein, denn der Brauch war – und ist es heute noch –, dass man am Ostersonntag in einem Korb Fleisch, Brot, Landbutter und Ostereier zum Kirchgang mitnahm, wo dies vom Pfarrer feierlich gesegnet wurde. So eine Speisenweihe dauerte ganz schön lang, und uns Gläubigen knurrte angesichts der vielen Speisen gehörig der Magen …

Als ich klein war, gab es noch das Gabelfrühstück bei uns im Wirtshaus. Die Zeiten sind leider endgültig vorbei, oder?

Szegediner Ripperlgulasch

Zutaten für 4 Portionen
8 dag Zwiebeln
4 Esslöffel Schweineschmalz oder Öl
1 Esslöffel Paprikapulver (scharf)
1 Esslöffel Paprikapulver (edelsüß)
50 dag Sauerkraut
1–2 Kaffeelöffel Kümmel, fein gehackt
Pfeffer aus der Mühle
2 Knoblauchzehen, zerdrückt
Lorbeerblatt
80 dag Selchripperln
1/8 l Sauerrahm
1 dag Mehl
Salz

EINFACH
Zubereitungszeit: 1 Stunde

Die Zwiebeln schälen, klein würfelig schneiden und in Fett anrösten. Von der Hitze nehmen, Paprikapulver einrühren und sofort mit etwas Wasser ablöschen. Sauerkraut beifügen und mit 3/4 l Wasser aufgießen. Mit Kümmel. Pfeffer, Knoblauch sowie Lorbeerblatt würzen. Ripperln in etwa 3 cm breite Stücke schneiden, beifügen und Gulasch bei geringer Hitze etwa 40–45 Minuten dünsten. Lorbeerblatt entfernen. Sauerrahm mit Mehl verquirlen, einrühren und das Gulasch noch etwa 10 Minuten bei geringer Hitze kochen lassen. Mit Salz abschmecken.
Als Ergänzung passen dazu Salz- oder Kümmelerdäpfel.

Nie wieder werden Schinkenfleckerln so schmecken wie damals …

Schinkenfleckerln meiner Grossmutter

Zutaten für 4–6 Portionen
20 dag Fleckerln
Salz
5 dag Butter
5 dag Mehl
3/8 l Milch
30 dag Schinken
5 Eier
5 dag Butter
1/4 l Sauerrahm
Pfeffer aus der Mühle
Muskat
Butter für die Form
Butterflocken

MITTEL
Zubereitungszeit: 1 Stunde 15 Minuten

Fleckerln in Salzwasser bissfest kochen, abseihen und gut abtropfen lassen.
Béchamelsauce: Butter schmelzen, Mehl beifügen und unter ständigem Rühren mit Milch aufgießen; von der Hitze nehmen und überkühlen lassen.
Schinken klein würfelig schneiden.
Eier trennen. Weiche Butter schaumig rühren, Dotter nach und nach unterrühren, Sauerrahm beifügen. Fleckerln und Schinken mit der Béchamelsauce untermengen. Kräftig mit Salz, Pfeffer und Muskat würzen. Eiklar zu steifem Schnee schlagen und unterheben. Masse in eine befettete Form füllen, mit Butterflocken belegen und im vorgeheizten Rohr bei 180 °C etwa 45 Minuten backen.
Die beste Beilage ist grüner Salat.

Mit der Wurst ist das so eine Sache: Die Seele einer Frau, der Magen einer Sau, der Inhalt einer Wurscht, bleibt ewig unerforscht!

Wurstschüsserln

Zutaten für 4 Portionen

Cremespinat:
80 dag Blattspinat
Salz
2 dag Butter
2 dag Mehl
3 dl Rindsbouillon (Würfelsuppe)
Salz
Pfeffer aus der Mühle
Muskat
1 Knoblauchzehe, zerdrückt
8 Scheiben Pariserwurst, etwa 1/2 cm dick, mit Haut

EINFACH
Zubereitungszeit: 40 Minuten

Cremespinat: Blattspinat putzen, waschen und entstielen. Spinat in Salzwasser blanchieren, abseihen, kalt abschrecken, gut ausdrücken und pürieren.
Butter schmelzen, Mehl beifügen, kurz anrösten und unter ständigem Rühren mit heißer Bouillon aufgießen. Etwa 10 Minuten bei geringer Hitze kochen lassen. Spinat in die Einmach geben und unter ständigem Rühren kurz aufkochen, mit Salz, Pfeffer, Muskat und Knoblauch würzen.
Wurstscheiben auf ein mit Backtrennpapier ausgelegtes Blech legen und im vorgeheizten Rohr bei 180 °C knusprig braten. Hinweis: Man kann die Wurstscheiben auch in der Pfanne im heißen Fett braten. Durch die Hitzeeinwirkung formen sich die Wurstscheiben zu einem Körbchen.
Wurstschüsserln auf Erdäpfelpüree (s. S. 57) setzen und mit Spinat füllen.

Saumoasn sind eine Art geselchte Fleischknödel ohne Teig:

Waldviertler Saumoasen mit Paradiesäpfelkraut

Zutaten für 4 Portionen
Saumoasen:
6 Knoblauchzehen
50 dag geselchtes Teilsames oder Schopfbraten
Salz
Pfeffer aus der Mühle
2 Esslöffel Paprikapulver (edelsüß)
Schale von 1 Zitrone (unbehandelt), abgerieben
Kümmel
Majoran
1 Schweinsnetz (beim Fleischhauer vorbestellen)
Butter für das Blech

MITTEL
Zubereitungszeit: 1 Stunde (plus Rastzeit)

Saumoasen: Knoblauchzehen schälen und fein hacken. Geselchtes faschieren oder fein hacken, mit Salz, Pfeffer, Paprika, Knoblauch, Kümmel, Majoran sowie Zitronenschale kräftig würzen, gut durchkneten und im Kühlschrank etwa vier Stunden ziehen lassen. Schweinsnetz etwa 20 Minuten in kaltem Wasser einweichen, gut ausdrücken und auf der Arbeitsfläche ausbreiten; in Quadrate (15 x 15 cm) schneiden. Aus der Fleischmasse mit befeuchteten Händen Kugeln formen, jeweils auf ein Stück Schweinsnetz legen und damit umwickeln. Jede Fleischkugel mit Küchengarn gut zusammenbinden und – am besten über Nacht im Kühlschrank – rasten lassen. Anschließend auf ein befettetes Blech legen und im vorgeheizten Rohr bei 170 °C etwa 30 Minuten knusprig braten. Hinweis: Man kann die Saumoasen auch in kochendem Wasser weich kochen.

Eingemachtes grünes Paradiesäpfelkraut

Zutaten für 4 Portionen
1 kg grüne Paradeiser
1 kleine Zwiebel
4 dag Butter
4 dag Mehl
3/4 l Rindsbouillon
2 Esslöffel Dille, fein gehackt
Salz
Pfeffer aus der Mühle
Prise Staubzucker

Paradeiser putzen, waschen und blättrig schneiden. Zwiebel schälen, fein hacken und in zerlassener Butter glasig anrösten. Mehl einrühren, kurz mitrösten, mit Bouillon aufgießen, aufkochen lassen und bei mittlerer Hitze etwa 15 Minuten kochen lassen. Paradeiser und Dille beifügen, aufkochen lassen, mit Salz, Pfeffer und Zucker abschmecken; einige Minuten bei geringer Hitze ziehen lassen und servieren.

Meine Blunzenrouladen sind eine Art „Einstiegsdroge“ für Leute, die Blutwurst nicht so gut kennen …

Blunzen-Kohl-Rouladen

Zutaten für 4 Portionen
1 Kohlkopf (75 dag)
Füllung:
1/8 l Milch
2 Eier
Salz
Pfeffer aus der Mühle
12 dag Semmelwürfel
70 dag Blutwurst
1 Zwiebel (8 dag)
3 Esslöffel Öl
1/2 Kaffeelöffel Majoran (getrocknet
1/2 Kaffeelöffel Thymian (getrocknet)
1 Knoblauchzehe, zerdrückt
8 Scheiben Frühstücksspeck
4 dag Butter
1/4 l Bouillon (Würfelsuppe)
10 dag Frischkäse
Majoran (getrocknet)
4 dag Butterflocken

MITTEL
Zubereitungszeit: 1 Stunde 30 Minuten

Kohl waschen und putzen. 8 schöne Blätter ablösen, blanchieren, kalt abschrecken und gut abtropfen lassen, eventuell mittlere Blattrippen entfernen.
Füllung: Milch mit Eiern verquirlen, salzen, pfeffern und über die Semmelwürfel gießen; etwa 15 Minuten ziehen lassen. Blutwurst schälen und in etwa 1 cm große Stücke schneiden. Zwiebel schälen, klein hacken und in Öl anrösten. Blutwurst beifügen und kurz mitrösten. Wurströstung mit der Semmelmasse gut vermengen und mit Salz, Pfeffer, Majoran sowie Thymian und Knoblauch würzen. Füllung zu 8 gleich großen Röllchen formen.
Kohlblätter mit der Füllung belegen, Seitenlängen einschlagen und eng einrollen, jeweils mit einer Speckscheibe umwickeln. Die Rouladen mit Zahnstochern fixieren und in einen großen Topf legen.
Sauce: Restlichen Kohl in Streifen schneiden, in Butter anrösten, mit Bouillon aufgießen, Frischkäse unterrühren, mit Salz, Pfeffer und Majoran würzen und kurz aufkochen lassen. Halbe Menge der Sauce zu den Rouladen gießen. Rouladen mit Butterflocken belegen und im vorgeheizten Rohr bei 180 °C etwa 45 Minuten garen; dabei immer wieder mit restlicher Sauce übergießen.
Blunzen-Kohl-Rouladen mit Sauce anrichten.

Ein Monumentalereignis aus Sauerkraut ist dieser Auflauf, schmeckt umwerfend gut, wenn es richtig feuchtkalt draußen ist und man ein Stöhnessen braucht.

Überbackenes Krautreisfleisch

Zutaten für 4 Portionen

25 dag Zwiebeln
10 dag Bauchspeck
40 dag gemischtes Faschiertes
2 Knoblauchzehen
Salz
Pfeffer aus der Mühle
2 Esslöffel Paprikapulver
1/4 l Rindsbouillon
15 dag Langkornreis
1 Esslöffel Butter
75 dag Sauerkraut
1 rote Paprikaschote
2 Esslöffel Öl oder Butterschmalz
1 Esslöffel Zucker
1 Lorbeerblatt
2 dl Weißwein (trocken)
1/4 Sauerrahm
2 Kaffeelöffel Kümmel (ganz)
Fett für die Form

AUFWÄNDIG

Zubereitungszeit: 1 Stunde 45 Minuten

Zwiebeln, bis auf zwei, schälen und in kleine Würfel schneiden. Speck in etwa 0,5 cm große Würfel schneiden und in einem Topf knusprig ausbraten, Zwiebel und Faschiertes beifügen und rundum anbraten. Knoblauch schälen, fein hacken und dazugeben. Mit Salz, Pfeffer und Paprikapulver würzen, mit Bouillon aufgießen, aufkochen lassen und bei geringer Hitze zugedeckt etwa 20 Minuten dünsten lassen. Inzwischen Reis in mit Butter versetztem Salzwasser weich kochen, abseihen.

Sauerkraut – falls notwendig – auswaschen, gut ausdrücken. Paprikaschote waschen, putzen, vierteln und quer in Streifen schneiden. Restliche 2 Zwiebeln der Länge nach halbieren und in dünne Streifen schneiden. Zwiebeln in Öl glasig anrösten, Paprika beifügen, kurz mitbraten. Mit Zucker bestreuen und karamellisieren lassen. Sauerkraut mit Lorbeerblatt dazugeben, mit Weißwein aufgießen und bei mittlerer Hitze etwa 10 Minuten kochen lassen, mit Salz und Pfeffer abschmecken.

Rahm mit Kümmel verquirlen, salzen und pfeffern.

Reis in eine befettete Auflaufform verteilen, darauf das Faschierte verstreichen, Kraut gleichmäßig darüber verteilen und zum Schluss mit Kümmelrahm übergießen. Im vorgeheizten Rohr bei 200 °C etwa 40 Minuten backen. Hinweis: Eventuell nach 20 Minuten mit Alufolie abdecken. Heiß servieren.

Krustenbratl mit Bier-Zwetschkensauce

Zutaten für 6 Portionen
2 kg Schweinsbraten (Schulter oder Schopf mit Schwarte)
Salz
Pfeffer aus der Mühle
1 Kaffeelöffel Kümmel (ganz)
2 dag Ingwer
3 dag brauner Zucker
1/2 l dunkles Bier
1/4 l milde Rindsbouillon
80 dag Zwetschken

Den Schweinsbraten mit der Schwarte nach unten in eine Bratwanne mit fingerhoch kochendem Wasser legen und etwa 10–15 Minuten kochen; herausheben und die Schwarte mit einem scharfen Messer in etwa 1,5 cm breiten Abständen der Breite nach einschneiden („schröpfen"). Wichtig: Nur bis zur Fettschicht einschneiden, da sonst während des Bratens Saft austritt und das Fleisch austrocknet!

Schweinsbraten mit Salz, Pfeffer einreiben und mit Kümmel bestreuen. Fleisch mit der Schwarte nach oben in die Bratenwanne legen und im vorgeheizten Rohr bei 190 °C 30 Minuten braten. Ingwer schälen, in dünne Scheiben schneiden und mit dem Zucker zum Braten geben, mit Bier aufgießen und weitere 60 Minuten braten. Dabei nach und nach mit Bouillon aufgießen. Zwetschken waschen, halbieren, entkernen und zum Braten geben. Weitere 30 Minuten braten. Den Braten immer wieder mit Bratensaft übergießen.

Braten aus dem Rohr nehmen und etwa 5 Minuten rasten lassen, danach in Scheiben schneiden, mit Zwetschkensauce und Grieß-Semmelknödeln anrichten.

Griess-Semmelknödel

Zutaten für 12 Stück
3/8 l Milch
4 dag Butter
1/2 Kaffeelöffel Salz
15 dag Weizengrieß
2 Eier
1 Dotter
2 Semmeln
2 Esslöffel Butter
Salz
Muskat

Milch mit Butter sowie Salz aufkochen, Grieß beifügen und unter ständigem Rühren dickbreiig einkochen; von der Hitze nehmen und überkühlen lassen.

Eier mit Dotter verquirlen und unterrühren. Semmeln entrinden, klein würfelig schneiden und in zerlassener Butter knusprig rösten; unter die Grießmasse mengen und mit Salz sowie Muskat würzen.

Aus der Masse mit befeuchteten Händen 12 kleine Knödel formen, in kochendes Salzwasser einlegen und bei geringer Hitze etwa 8 Minuten ziehen lassen.

WILD

AUF WILD!

Eigentlich ist die Wildküche so alt wie die Menschheitsgeschichte, denn bevor der Mensch sesshaft wurde, standen naturgemäß Wildspezialitäten auf seinem Speisezettel. Später, als das Jagen Privilegierten vorbehalten war, wurden Jagdgründe streng bewacht, jeder Frevel, besonders Wildern, streng bestraft. Wild war nun ein Gericht für Wohlhabende, das ist sicherlich auch der Grund, weshalb in alten Kochbüchern sehr aufwendige Wildrezepte zu finden sind.

„Man lasse den Edelleuten ihr Wildbret und den Bauern ihren Körndltanz", war ein gängiges Sprichwort, aber oft genug gab es keinen Körndltanz, weil die Jagd über die Felder rücksichtslos hinwegbrauste und die Ernte zerstörte.

Die Jagd vertiefte also die Kluft zwischen herrschender und dienender Klasse. Doch sie prägte auch das kulturelle Bild unseres Landes: Ihr zuliebe wurden die schönsten Schlösser gebaut, Ländereien zusammengelegt und Wildgehege errichtet.

Die Jagd und alles, was damit zusammenhing, erreichte bald Kultstatus. Und Jäger entwickelten eine große Vorliebe für Mythen, Legenden, Geschichten und Überzeugungen, etwa die, dass die Lebenskräfte des Wildes auf den übergehen, der es isst; vielleicht lebt dieser Gedanke auch heute noch in so manchem Jagdritual?

Eins ist sicher, der Geschmack ist in den letzten Jahrzehnten weniger „wild" geworden – während der berühmte Gastrosoph Brillat-Savarin noch einen Hasen wochenlang in seiner Manteltasche trug, um ihm durch die Körperwärme den richtigen Hautgout zu geben, wird dieser doch leicht „verdorbene" Geruch und Geschmack nur mehr von wenigen Wagemutigen geschätzt.

Reh- und Hirschbraten sind heute bei uns das beliebteste Wild. Habs und Rosner bezeichnen in ihrem Appetit-Lexikon das Reh zwar boshaft als „Ziege des Waldes", doch der Rehbraten war auch in vergangenen Zeiten so beliebt, dass man auch während der Schonzeit bzw. der Fastenzeit nicht darauf verzichten wollte. Einfallsreiche Köchinnen erfanden deshalb einen süßen Rehrücken aus Schokoladebiskuit, um sich in der Schonzeit damit zu trösten.

EINKAUF: Junge Tiere bis zu zwei Jahren haben das zarteste Fleisch, es ist erkennbar an der hellroten Farbe, während das Fleisch alter Tiere eine dunkelrote Farbe aufweist. Maibock ist etwa ein Jahr alt und hat daher das zarteste Fleisch.
Besonders beim Wild gilt: Fleischeinkauf ist Vertrauenssache. Der Jäger oder Wildbrethändler Ihres Vertrauens verkauft sicher nur beste Qualität, denn er will Sie als Kunde nicht verlieren.
Wildfleisch wird durch Abhängen mürber und entwickelt dadurch seinen charakteristischen Geschmack. Der bereits erwähnte früher durch zu langes Reifen entstandene intensive Wildgeschmack („Hautgout") ist nicht mehr zeitgemäß und wird nicht mehr verlangt.
Achtung: Scharfer Geruch kann ein Hinweis auf zu lange gelagertes bzw. bereits verdorbenes Fleisch sein.

LAGERUNG: Im Kühlschrank kann Wildfleisch bis zu einer Woche gelagert werden.

VERARBEITUNG: Die besten Stücke von Reh und Hirsch sind:
Schlegel: Im Ganzen oder in Stücke geteilt, zum Braten und Dünsten geeignet.
Schulter: Meist ausgelöst, gut für schmackhafte Ragouts sowie magere Braten geeignet.
Rücken: Das zarteste Stück wird im Ganzen oder in Filets geteilt und kurz gebraten.
Hirsch- und Rehfleisch ist mager, was die Kalorienzähler freut, jedoch Probleme beim Braten machen kann. Mit Speck umwickelt bleibt es trotzdem saftig. Hinweis: Den Speck eventuell nach dem Braten entfernen.
Kleinere Fleischstücke wie Nuss oder Schale kann man auch vor dem Braten mit grünem Speck (unbedingt beim Fleischhauer vorbestellen!) spicken. Das gelingt ganz leicht, wenn man Speckstreifen kurz anfriert!
Eine weitere Möglichkeit ist es, das Fleisch in ein Schweinsnetz einzuschlagen.
Zartes Rehfleisch nur in milden, mit Kräutern oder Gewürzen vermengten Öl-Marinaden marinieren. Wichtig: Marinaden nicht salzen, da Salz dem Fleisch Feuchtigkeit entzieht und es trocken werden lässt. Das Fleisch sollte nach dem Braten noch innen rosa sein, so kommt der zarte Wildgeschmack am besten zur Geltung.

WÜRZTIPP: Wacholderbeeren, Thymian, Lorbeerblätter unterstreichen das zarte Aroma. Fruchtiges wie Preiselbeeren, Orangen, Weintrauben, Beeren und „erdige" Zutaten, wie Pilze oder Maroni ergeben eine wunderbare Geschmacksverbindung mit Wild.

Im Herbst bekommt zahmes Fleisch von Rind, Kalb und Huhn Konkurrenz ...

Rehragout mit Preiselbeeren

Zutaten für 4 Portionen
60 dag Rehschulter oder Rehschlögel, ausgelöst
1 Zwiebel
1 Bund Suppengrün
1/2 l Rotwein (trocken)
2 Thymianzweige
1 Rosmarinzweig
10 Wacholderbeeren
10 Pfefferkörner
3 Esslöffel Öl
1/2 l Bouillon oder Wildfond
2 Esslöffel Preiselbeerkompott
Salz
Pfeffer aus der Mühle
Preiselbeerenkompott zum Garnieren
2 Esslöffel geschlagenes Schlagobers

MITTEL
Zubereitungszeit: 1 Stunde 45 Minuten (plus Marinierzeit)

Rehschulter in Würfel schneiden. Zwiebel schälen und in Streifen schneiden. Suppengrün putzen, waschen und in große Würfel schneiden. Rotwein mit Gemüse, Thymian, Rosmarin, Wacholder, Pfefferkörnern verrühren. Rehfleisch zugedeckt im Kühlschrank mindestens 8 Stunden marinieren. Marinade abseihen und auffangen. In einem Topf Öl erhitzen und das Fleisch bei großer Hitze etwa 4 Minuten rundum kräftig anbraten. Das Marinadengemüse samt Gewürzen beifügen, kurz mitrösten. Mit Marinade aufgießen, etwas einkochen lassen, Bouillon oder Wildfond dazu gießen, Preiselbeerkompott untermengen und zugedeckt bei geringer Hitze etwa 1 Stunde dünsten lassen. Rehstücke aus der Sauce nehmen und in einen sauberen Topf geben. Sauce auf die halbe Menge einkochen lassen und durch ein engmaschiges Sieb auf das Fleisch seihen. Rehragout einmal aufkochen lassen, mit Salz und Pfeffer abschmecken. Mit Preiselbeerkompott und Schlagobers garniert anrichten. Dazu passen Nuss-Spatzen (s. S. 105) oder Semmelknödel.

Semmelknödel

Zutaten für 4 Stück
25 dag Semmeln, vom Vortag
5 dag Schalotten
4 dag Butter
2 Esslöffel Petersilie, gehackt
15 cl Milch
Salz
Muskat
3 Eier
Stärkemehl zum Wenden

EINFACH
Zubereitungszeit: 40 Minuten

Semmeln in kleine Würfel schneiden. Schalotten schälen, fein hacken und in Butter glasig anrösten. Petersilie beifügen und von der Hitze nehmen. Milch erwärmen, mit Salz und Muskat würzen und über die Semmelwürfel gießen. Mit Schalotten und Eiern alles gut vermengen; etwa 20 Minuten ziehen lassen. Aus der Masse mit feuchten Händen 12 kleine, gleich große Knödel formen; Masse fest zusammen pressen! Knödel in Stärkemehl wenden, mit einem feuchten Tuche bedeckt etwa 15 Minuten rasten lassen. Knödel in reichlich kochendes Salzwasser einlegen und offen bei geringer Hitze etwa 12–15 Minuten ziehen lassen. Mit einem Lochschöpfer aus dem Wasser nehmen, abtropfen lassen und zum Ragout servieren.

Es muss nicht immer Kalb sein …

Gefüllte Hirschvögerl

Zutaten für 6 Portionen
15 dag Chinakohl
1/2 kleine Zwiebel
10 dag Hamburgerspeck oder Frühstücksspeck
4 Esslöffel Öl
1/8 l Schlagobers
Salz
Pfeffer aus der Mühle
2 Knoblauchzehen, zerdrückt
Thymian
1 kg Hirschvögerl (größere Stücke der ausgelösten hinteren Stelze), unbedingt vorbestellen
Pfeffer aus der Mühle
Majoran
10 dag Pressschinken, in Scheiben geschnitten
1/4 l Bouillon
1/4 l Rotwein (trocken)
1/8 l Sauerrahm
1 Esslöffel Mehl (glatt)
Senf

AUFWÄNDIG
Zubereitungszeit: 2 Stunden 15 Minuten

Chinakohl putzen und in feine Streifen schneiden. Zwiebel schälen und fein hacken. Frühstücksspeck in kleine Würfel schneiden. Speck und Zwiebel in 1 Esslöffel Öl anbraten, Chinakohl dazugeben und kurz mitbraten. Mit Schlagobers aufgießen und die Masse dick einkochen. Mit Salz, Pfeffer, Knoblauch und Thymian würzen, Kohlfülle auskühlen lassen.
Fleisch auflegen, mit Salz, Pfeffer, Thymian, Majoran würzen und mit den Schinkenblättern belegen. Die Füllung darauf gleichmäßig verteilen und die Vögerl eng einrollen. Mit einem Zahnstocher oder Spagat fixieren. Fleisch außen mit Salz, Pfeffer, Majoran sowie Thymian kräftig würzen und im restlichen Öl rundum anbraten. Mit Bouillon und Rotwein aufgießen. Die Hirschvögerl zugedeckt bei geringer Hitze 1 Stunden 30 Minuten dünsten. Fleisch herausnehmen, warm stellen. Den Saft durch ein Sieb seihen, etwas einkochen lassen. Sauerrahm mit Mehl glatt rühren, zur Sauce geben und einige Minuten kochen. Mit Senf abschmecken.
Zahnstocher oder Spagat entfernen, Vögerl aufschneiden und mit der Sauce anrichten.

Edles Wildbret mit feinen Pilzen:

Rehschnitzel mit Eierschwammerln

Zutaten für 4 Portionen
30 dag Eierschwammerln
je 1 gelbe und rote Paprikaschote
10 dag Zwiebeln
1 Knoblauchzehe
1/2 Bund Petersilie
5 Thymianzweige
2 Esslöffel Olivenöl
4 Rehschnitzel (à 12 dag), von der Schale
Pfeffer aus der Mühle
Salz
4 Esslöffel Öl
5 cl Weißwein
15 cl Bouillon
eventuell 1/2 Kaffeelöffel Stärkemehl
2 Esslöffel Petersilie, gehackt

EINFACH
Zubereitungszeit: 45 Minuten

Eierschwammerln putzen. Paprikaschoten vierteln, entkernen und in Stücke schneiden. Zwiebel und Knoblauch schälen und fein würfelig schneiden.
Thymianblättchen abzupfen und mit dem Olivenöl verrühren. Rehschnitzel zwischen Frischhaltefolie behutsam etwas flach klopfen, Folie entfernen, Oberseite pfeffern und mit Thymianöl bestreichen. Schnitzel zusammenklappen und mit einem Zahnstocher fixieren. Fleisch rundum salzen, pfeffern und in 2 Esslöffeln Öl bei starker Hitze beidseitig anbraten, aus der Pfanne nehmen. Restliches Öl zum Bratansatz geben, Eierschwammerln, Paprika, Zwiebeln und Knoblauch darin bei starker Hitze unter Wenden etwa 5 Minuten braten. Mit Wein aufgießen, einkochen lassen, Bouillon dazu gießen und aufkochen lassen. Eventuell mit in wenig kaltem Wasser gelöstem Stärkemehl binden. Fleisch wieder in die Pfanne geben und bei geringer Hitze etwa 3 Minuten gar ziehen lassen. Mit Salz und Pfeffer abschmecken und mit Petersilie bestreut servieren.

Wild verlangt nach Frucht …

Hirschrücken mit Himbeersauce

Zutaten für 6 Portionen
2 kg Hirsch- oder Rehrücken mit Knochen
8 Esslöffel Öl
50 dag Wurzelgemüse, klein geschnitten
2 Lorbeerblätter
1 Kaffeelöffel Pfefferkörner
3 Wacholderbeeren
1 Kaffeelöffel Paradeisermark
20 cl Rotwein (trocken)
1 Zwiebel
15 cl Portwein
40 dag Himbeeren (ev. auch tiefgekühlt)
1 Esslöffel Himbeermarmelade
2 Esslöffel Kastanienhonig
Salz
Pfeffer aus der Mühle
1/2 Kaffeelöffel Stärkemehl

MITTEL
Zubereitungszeit: 3 Stunden

Hirschrücken am besten vom Fleischhauer zuputzen lassen. Hinweis: Knochen in kleine Stücke hacken lassen und für die Sauce mitnehmen.
Fleisch in Stücke à etwa 12–15 dag schneiden; zugedeckt kalt stellen.
4 Esslöffel Öl in einem großen Topf erhitzen und die Knochen darin etwa 10 Minuten kräftig anrösten. Wurzelgemüse beifügen und weitere 10 Minuten unter mehrmaligem Wenden rösten. Lorbeerblätter, Pfefferkörner sowie Wacholderbeeren beifügen, Paradeisermark einrühren, mit Rotwein aufgießen und fast zu Gänze einkochen lassen. Mit 2,5 Liter Wasser aufgießen und bei mittlerer Hitze etwa 2 1/2 Stunden kochen lassen. Fond durch ein mit einem Küchentuch ausgelegtes Sieb in einen anderen Topf seihen. Hinweis: Sollte etwa 1,2 Liter ergeben. Fond auf 1/3 der Menge einkochen lassen.
Inzwischen Zwiebel schälen, würfelig schneiden und in 2 Esslöffel Öl glasig anrösten. Mit Portwein aufgießen und einkochen lassen. Himbeeren, Marmelade und Honig beifügen und bei geringer Hitze unter Rühren etwa 15 Minuten kochen lassen. Himbeersauce durch ein Sieb in den Wildfond gießen, aufkochen lassen und von der Hitze nehmen.
Fleisch salzen, pfeffern und im restlichen Öl rundum kräftig anbraten. Im vorgeheizten Rohr bei 170 °C etwa 10–12 Minuten fertig garen. Aus dem Rohr nehmen und zugedeckt etwa 5 Minuten rasten lassen.
Himbeersauce aufkochen. Stärke mit ein wenig kaltem Wasser glatt rühren und die Sauce damit binden. Eventuell mit Salz und Pfeffer abschmecken. Fleisch in Scheiben schneiden und mit der Sauce servieren. Dazu passen Schupfnudeln aus Erdäpfelteig (s. S. 56)

Da springt das Reh in den Mund!

Maibock mit Spargelragout

Zutaten für 4 Portionen
Spargelragout:
80 dag weißer Spargel
Salz
1 Kaffeelöffel Kristallzucker
Spritzer Zitronensaft
4 dag Butter
2 dag Morcheln (getrocknet)
5 dag Schalotten
3 dag Butter
2 dag Mehl (glatt)
1/4 l Schlagobers
Pfeffer aus der Mühle
Muskat
8 Rehrückenmedaillons (à etwa 7–8 dag)
3 Esslöffel Öl
2 Thymianzweige
2 Rosmarinzweige

MITTEL
Zubereitungszeit: 1 Stunde

Spargel waschen, schälen, Enden abschneiden. Spargelstangen in 5 cm große Stücke schneiden und in 1,5 l Wasser (mit Salz, Zucker, Zitronensaft und Butter versetzt) aufkochen. Etwa 15 Minuten ziehen lassen, Spargel herausheben und gut abtropfen lassen. Morcheln in 15 cl lauwarmem Wasser einweichen. Schalotten schälen und feinwürfelig schneiden. 60 cl Spargelfond abmessen. Schalotten in einem Topf in erhitzter Butter glasig anrösten. Mehl einrühren, mit Spargelfond aufgießen und mit einer Schneerute gut durchrühren. Schlagobers dazugießen und einmal aufkochen lassen.
Morcheln gut ausdrücken, Morchelwasser durch ein sehr feines Sieb in die Sauce gießen. Nochmals aufkochen lassen und bei mittlerer Hitze auf die halbe Menge sämig einkochen. Mit Salz, Pfeffer sowie Muskat würzen.
Morcheln mehrmals gründlich waschen und gut ausdrücken. Spargelstücke und Morcheln in die Sauce geben, kurz aufkochen und von der Hitze nehmen.
Rehmedaillons mit Salz und Pfeffer würzen. Öl in einer Pfanne erhitzen, Medaillons darin beidseitig kräftig anbraten. Kräuter beifügen und im vorgeheizten Rohr bei 170 °C etwa 8–10 Minuten braten. Die Medaillons dabei einmal wenden. Aus dem Rohr nehmen und mit Alufolie zugedeckt etwa 5 Minuten rasten lassen.
Spargelragout nochmals aufkochen und bei geringer Hitze etwa 5 Minuten einkochen lassen. Rehmedaillons mit Spargelragout anrichten.

LAMM

GÖTTLICHER GENUSS

Meine erste Begegnung mit Lammfleisch fand in Griechenland statt, wo ich in dieser herben, aber doch unglaublich vielfältigen Landschaft gegrilltes Lamm vorgesetzt bekam. Es war ein ganz einfaches Gericht, mit würzigen Kräutern zubereitet – das zarte Fleisch war butterweich und ließ wild wuchernde, sonnige Kräuterweiden ahnen … Diese Urlaubsbekanntschaft mit Lamm hat auch meine kulinarischen Vorlieben deutlich verändert.

Seit damals zählt Lammfleisch – neben Geflügel – zu meinem Lieblingsfleisch. Und das war nicht immer so. Von früher ist mir Lamm (es war damals wohl eher Schaf) als penetrant „hammelnd“ in Erinnerung: bevor der Gaumen zu seinem Recht kam, war die Nase schon gesättigt. Und somit war Lamm eigentlich nicht mein Fall. Aber meine Einstellung hat sich eben grundlegend gewandelt. Zuerst faszinierte mich – schon als Kontrast zu meinen früheren Erfahrungen – das ganz zarte Fleisch junger Milchlämmer, wie es in manchen Luxusküchen bevorzugt wird. Es ist von sehr feinem Aroma und zergeht regelrecht auf der Zunge. Aber mit der Zeit lernte ich, dass die etwas älteren Lämmer, die schon auf der Weide gewesen sind, einen viel würzigeren und kräftigeren Geschmack haben.

Bei Lämmern kann man sicher sein, dass sie nicht mit verdächtigem Futter aufgeplustert werden. Sie ernähren sich ganz natürlich auf Wiesen und Almen, naschen allerlei aromatische Gewürzkräutlein und das wirkt sich natürlich außerordentlich positiv auf die Fleischqualität aus. Lämmer liefern für unsere heutigen Ansprüche das ideale Fleisch: Es ist mager und enthält einen hohen Anteil an Aminosäuren und Vitaminen.

Als Lämmer gelten laut EU-Richtlinie Schafe mit einem Lebensalter unter einem Jahr. Österreichisches Lammfleisch stammt von Junglämmern, sie sind maximal sechs Monate alt.

Das beste und zarteste Fleisch haben so genannte Milchlämmer – Jungtiere mit einem Alter von 4–8 Wochen, die sich fast ausschließlich von Muttermilch ernähren.

EINKAUF: Nach Möglichkeit immer frisches – nicht tiefgekühltes – Lammfleisch kaufen. Eine tief gefrorene Lammkeule hält dem Vergleich mit frischem Lammfleisch niemals stand. Unbedingt auf die Fleischfarbe achten: Lammfleisch sollte eine kräftig rote Farbe haben. Das Fleisch älterer Tiere erkennt man an der stark gelblichen Fettschicht und an dunklerem Fleisch mit grober Faserstruktur. Geben Sie beim Einkauf marmoriertem Fleisch den Vorzug, es wird beim Zubereiten besonders saftig.
Fettränder eventuell erst nach dem Zubereiten wegschneiden – sie halten Geschmack und Saft im Fleisch.

LAGERUNG: Lammfleisch soll nach dem Einkauf höchstens 2 Tage im Kühlschrank aufbewahrt werden.

VERARBEITUNG: Am besten schmeckt Lamm, wenn das Fleisch innen noch rosa ist. Durch zu langes Garen kann das Fleisch trocken und zäh werden und seinen delikaten Geschmack einbüßen.
Schulter: Im Ganzen oder ausgelöst, auch gefüllt zum Braten, zum Dünsten und für Ragoutgerichte.
Keule: Eignet sich ausgezeichnet zum Braten, im Ganzen oder ausgelöst und gefüllt. Keulenfleisch eignet sich auch zum Dünsten und Kochen.
Rücken: Der Rücken ist, abgesehen von den Filets, der edelste Teil des Lammes. Er ist prädestiniert für den Braten.
Brust (Ripperln) wird meist gefüllt, gerollt, gebraten oder auch gedünstet. Ausgelöst und in Stücke geschnitten, kann man sie auch zu Ragout verarbeiten.
Hals: Er wird vorwiegend für die Zubereitung von Ragouts verwendet.
Bei meiner Triestiner Freundin Lucia habe ich auch Innereien vom Lamm kennen und schätzen gelernt – Zunge, Bries, Leber, Niere, Beuschel und sogar Bruckfleisch vom Lamm!

WÜRZTIPP: Es gibt interessante Lammrezepte aus aller Welt, die zum Nachkochen und zum Variieren reizen: mit aromatischen Gewürzen wie Zimt, Kardamom, Rosinen, Datteln, Marillen oder das Lamm mit Olivenöl, Paradeiser, Knoblauch, Zwiebel sowie Wein marinieren und südliche Aromen aufsteigen lassen. In den nördlichen Ländern wird Lamm vorzugsweise mit Erdäpfeln und Wurzelgemüse kombiniert.
Und die vielen Kräuter! Da kann man nicht viel falsch machen – all die Kräuter und Pflanzen, die das Tier gefressen hat, verfeinern das Gericht. Salbei, Rosmarin, Thymian, Minze, Oregano, Bohnenkraut. Doch junges Lamm sollte man sensibel würzen, das zarte Fleisch ist ein Geschmackserlebnis an sich.

Einfach exquisit …

Gebackene Lamm-Medaillons

Zutaten für 4 Portionen
2 ausgelöste Lammrücken (à 35 dag), geputzt
Öl zum Beträufeln
Salz
Pfeffer aus der Mühle
10 dag Butterschmalz
4–6 Knoblauchzehen
12 dag Semmelbrösel
1 Kaffeelöffel frischer Thymian, gehackt
1 Kaffeelöffel frischer Rosmarin, gehackt
6 dag Mehl (griffig)
4 Eier

EINFACH
Zubereitungszeit: 30 Minuten

Lammrücken in Medaillons schneiden und mit wenig Öl beträufeln. Fleischscheiben zwischen Frischhaltefolie mit der flachen Seite des Fleischklopfers behutsam klopfen. Folie entfernen und das Fleisch mit Salz sowie Pfeffer würzen. Knoblauch schälen und fein hacken.
1/4 des Butterschmalzes schmelzen lassen, Knoblauch darin glasig anrösten, restliches Butterschmalz dazugeben und schmelzen lassen.
Semmelbrösel mit Thymian und Rosmarin vermengen. Lammmedaillons in Mehl, verquirlten Eiern und Kräuterbröseln panieren. Knoblauchbutterschmalz durch ein Sieb in eine Pfanne seihen und nicht zu stark erhitzen. Medaillons darin bei geringer Hitze beidseitig knusprig ausbacken. Auf Küchenkrepp gut abtropfen lassen. Dazu passt Blattsalat.

Für faschierte Laberln wird traditionell eine Mischung aus Rind- und Schweinefleisch verwendet – gut, weil bewährt, aber hier eine Version mit Lamm:

Gefüllte Lammlaberln

Zutaten für 4 Portionen
7 dag Schalotten
2 Knoblauchzehen
8 Thymianzweige
1–2 Esslöffel Olivenöl
6 dag schwarze Oliven (mit Stein)
8 dag Schafkäse
50 dag Lammfaschiertes
2 Eier
5 dag Topfen
Salz
Pfeffer aus der Mühle
Olivenöl zum Braten

EINFACH
Zubereitungszeit: 1 Stunde 20 Minuten

Schalotten schälen und in feine Würfel schneiden. Knoblauch schälen und sehr fein hacken. Thymianblättchen abzupfen und fein hacken. Öl in einer Pfanne erhitzen, Schalotten und Knoblauch darin bei mittlerer Hitze etwa 2 Minuten glasig anrösten, Thymian beifügen, kurz durchrühren und von der Hitze nehmen; überkühlen lassen.
Oliven entsteinen und fein hacken. Schafskäse mit einer Gabel zerdrücken, mit Oliven vermengen, mit befeuchteten Händen acht kleine Kugeln formen und kalt stellen. Schalottenröstung mit Faschiertem, Eiern und Topfen gut vermengen und mit Salz sowie Pfeffer würzen. Masse in acht Portionen teilen, jede Portion mit feuchten Händen flach drücken und mit je einer Schafskäsekugel belegen, das Faschierte darüber gut zusammendrücken und zu Laibchen formen.
In reichlich heißem Fett beidseitig etwa 8–10 Minuten braten.

Ein rustikales Gericht, kokett verfeinert …

Lammzungen-G'röstl mit Krensauce

Zutaten für 4 Portionen
1 Bund Suppengemüse
1 Lorbeerblatt
einige Pfefferkörner
4 Lammzungen (à 8 dag), unbedingt beim Fleischhauer vorbestellen
Salz
40 dag fest kochende Erdäpfel
10 dag rote Paprikaschote
1/2 Knoblauchzehe
2 Majoranzweige
1 Esslöffel Öl
1 Esslöffel Butter
Pfeffer aus der Mühle
Krensauce:
4 dag Butter
4 dag Mehl (glatt)
Salz
Pfeffer aus der Mühle
Muskat
Spritzer Essig
1/16 l Schlagobers
1 Dotter
3 dag Kren, frisch gerissen

RAFFINIERT, LEICHT
Zubereitungszeit: 1 Stunde 30 Minuten

Lammzungen waschen, mit kaltem Wasser bedecken, Suppengemüse, Lorbeerblatt und Pfefferkörner dazugeben und die Lammzungen bei mittlerer Hitze etwa 1 Stunde weich kochen. Nach 30 Minuten Kochzeit salzen. Abseihen, kalt abschrecken, die Haut abziehen und die Zungen in kleine Würfel schneiden. Hinweis: Fond für die Weiterverarbeitung beiseite geben. Erdäpfel schälen, klein würfelig schneiden und in kochendem Salzwasser etwa 10 Minuten garen. Abseihen, kalt abschrecken und gut abtropfen lassen. Paprikaschote vierteln, entkernen, schälen und fein würfelig schneiden. Knoblauch schälen und fein hacken. Majoran von den Zweigen zupfen.
Öl mit Butter in einer Pfanne erhitzen, Erdäpfel und Lammzunge unter Wenden kräftig anbraten. Paprika, Knoblauch sowie Majoran beifügen und mit Salz und Pfeffer würzen.
Krensauce: Butter schmelzen, Mehl einrühren, kurz anrösten, mit 3/4 l Lammfond aufgießen und – am besten mit der Schneerute – glatt rühren; bei geringer Hitze 15 Minuten kochen lassen, mit Salz, Pfeffer, Muskat, Spritzer Essig abschmecken. Schlagobers mit Dotter verquirlen, in die Sauce rühren. Hinweis: Die Sauce darf nicht mehr kochen. Vor dem Anrichten Kren unterrühren.
Lammzungen-G'röstl mit Krensauce anrichten.

Nichts für Spießer …

Lamm-Rosmarin-Spiesse mit Rotweinschalotten

Zutaten für 4 Portionen
40 dag Schalotten
4 dag Zucker
2 dag Butter
Salz
Pfeffer aus der Mühle
20 cl Rotwein (trocken)
1/8 l Gemüsebouillon (Würfelsuppe)
2 Lorbeerblätter
60 dag Lammrückenfilets, ausgelöst
4 Rosmarinzweige
3 Esslöffel Olivenöl
2 dag Butter
1 Knoblauchzehe, fein gehackt
1/8 l Gemüsebouillon (Würfelsuppe)

EINFACH
Zubereitungszeit: 45 Minuten

Schalotten schälen. Zucker in einem Topf hellbraun karamellisieren. Butter dazugeben, zergehen lassen. Schalotten beifügen und etwa 1 Minute karamellisieren lassen, salzen und pfeffern. Mit Rotwein und Bouillon aufgießen, Lorbeerblätter zugeben und bei mittlerer Hitze etwa 20 Minuten einkochen lassen.
Lammrücken in 12 gleich große Stücke schneiden, in die Mitte der Stücke mit einem Holzspieß Löcher bohren. Je drei Fleischstücke auf einen Rosmarinzweig stecken. Öl in einer Pfanne erhitzen, die Spieße darin bei großer Hitze rundum scharf anbraten, mit Salz und Pfeffer würzen. Hitze reduzieren und unter mehrmaligem Wenden weitere 6–8 Minuten braten; nach 5 Minuten Butter und Knoblauch zugeben und fertig braten.
Spieße in Alufolie wickeln und rasten lassen. Bratenrückstand mit Bouillon aufgießen und zu den karamellisierten Schalotten geben, mit Salz sowie Pfeffer abschmecken.
Fleischspieße aus der Folie wickeln und mit den Schalotten anrichten.
Dazu schmeckt sehr gut knuspriges Fladenbrot.

„Keine Hochzeit ohne Braut, kein Festschmaus ohne Lamm." (Ukrainisches Sprichwort)

Lammschulter mit Honig und Mandeln

Zutaten für 4 Portionen
1 Lammschulter (etwa 1, 3 kg)
2–3 Esslöffel Honig
2–3 Knoblauchzehen
Salz
Pfeffer aus der Mühle
3 Esslöffel Öl
10 dag Butterflocken
1/8 l Weißwein (trocken)
2 dag Mandelblättchen
2 Esslöffel frischer Thymian, gehackt
2 Esslöffel Crème fraîche
Thymianzweige zum Garnieren

EINFACH
Zubereitungszeit: 2 Stunden 30 Minuten

Lammschulter von Sehnen und Häuten befreien. Knoblauch schälen und fein hacken. Honig mit Knoblauch erhitzen. Lammschulter rundum mit dem Knoblauchhonig einstreichen, salzen und pfeffern; mit dem Öl in eine Bratwanne legen und im vorgeheizten Rohr bei 160 °C etwa 45 Minuten braten. Mit Butterflocken belegen und mit Wein aufgießen; noch etwa 90 Minuten bei 160 °C braten. Hinweis: Öfter mit Bratensaft übergießen.
Mandelblättchen in einer Pfanne ohne Fett hellbraun rösten. Fleisch aus der Bratwanne nehmen, mit etwas Bratensaft bepinseln, Mandelblättchen und Thymian darauf verteilen und warm stellen.
Restlichen Bratensaft abseihen, mit Crème fraîche aufkochen, salzen und pfeffern. Lammschulter mit Thymianzweigen garnieren und mit Sauce anrichten. Dazu passt am besten Polenta.

Unter dem knusprigen Erdäpfelmantel bleiben die Koteletts saftig …

Lammkoteletts im Erdäpfelteig

Zutaten für 4 Portionen
Erdäpfelteig (s. S. 56)
1 Esslöffel frischer Thymian, gehackt
12 Lammkoteletts (à etwa 6 dag), zugeputzt
Salz
Pfeffer aus der Mühle
8 Esslöffel Öl

AUFWÄNDIG
Zubereitungszeit: 1 Stunde 10 Minuten

Erdäpfelteig laut Grundrezept zubereiten. Thymian untermengen. Lammkoteletts beidseitig salzen und pfeffern. 5 Esslöffel Öl in einer Pfanne erhitzen, Lammkoteletts darin portionsweise beidseitig – jeweils 1 Minute – anbraten; auf ein Blech legen.
Teig auf einer bemehlten Arbeitsfläche zu einer etwa 3 cm dicken Rolle formen und diese in 12 Stücke teilen. Jedes Stück auf einer bemehlten Arbeitsfläche dünn ausrollen. Koteletts in den Erdäpfelteig einschlagen, Ränder leicht zusammendrücken. Hinweis: Den Stielknochen dabei frei lassen.
Restliches Öl erhitzen und die Koteletts darin portionsweise bei mittlerer Hitze beidseitig – jeweils 1 Minute – hellbraun braten. Auf ein Blech legen und im vorgeheizten Rohr bei 180 °C etwa 6–8 Minuten fertig braten. Aus dem Rohr nehmen und sofort mit grünem Salat servieren.

Stelzen – die zarteste Versuchung …

Gesurte Lammstelzen mit Gerstlgemüse

Zutaten für 4 Portionen
4 gesurte Lammstelzen (à etwa 50 dag), unbedingt beim Fleischhauer vorbestellen
Salz
1 Zwiebel
25 dag Wurzelgemüse (Karotten, Sellerie, Gelbe Rübe)
1 Lorbeerblatt
Gerstlgemüse:
10 dag Zwiebeln
7 dag Karotten
10 dag Stangensellerie
5 dag Lauch
18 dag Rollgerste
Salz
3 Esslöffel Öl
70 cl Gemüsebouillon
Pfeffer aus der Mühle
2 Esslöffel Weißweinessig
5 dag Kren, frisch gerissen

MITTEL
Zubereitungszeit: 2 Stunden 30 Minuten

Lammstelzen in leicht gesalzenem, kochendem Wasser aufkochen lassen, bei geringer Hitze etwa 1 Stunde 45 Minuten ziehen lassen. Aufsteigenden Schaum immer wieder abschöpfen. Zwiebel samt Schale in grobe Stücke schneiden. Wurzelgemüse waschen, putzen und grob würfelig schneiden. 30 Minuten vor Ende der Garzeit Zwiebel, Gemüse und Lorbeerblatt zu den Stelzen geben. Stelzen im Sud beiseite stellen.
Gerstlgemüse: Zwiebeln schälen und fein würfelig schneiden. Karotten waschen, schälen und in etwa 0,5 cm große Würfel schneiden. Sellerie putzen, waschen, mit einem kleinen, spitzen Messer die groben Fasern entfernen und Stangen in 0,5 cm große Stücke schneiden. Lauch putzen, waschen, den weißen und hellen Teil in 0,5 cm große Würfel schneiden. Rollgerste in kochendem Salzwasser bei mittlerer Hitze etwa 5 Minuten vorkochen, abseihen und gut abtropfen lassen.
Öl in einem flachen Topf erhitzen, Zwiebeln darin bei mittlerer Hitze glasig anrösten, Rollgerste beifügen und unter ständigem Rühren 2 Minuten mitrösten. Mit Bouillon aufgießen, leicht salzen und pfeffern und bei mittlerer Hitze etwa 15 Minuten garen. Gemüse beifügen und noch 10–15 Minuten dünsten; mit Essig abschmecken.
Lammstelzen aus dem Sud heben, auf einer Platte mit Gerstlgemüse anrichten und mit Kren bestreut sofort servieren.

GANS

ES IST ALLES „GANS" EINFACH

In einer Welt, in der fast alles das ganze Jahr über angeboten wird, werden die wenigen Produkte, die es nur zu bestimmten Jahreszeiten gibt, zu etwas ganz Besonderem. Zu diesen – noch – zeitgebundenen Genüssen gehört die Gans. Erst nach fünf bis sechs Wochen im Stall, mit Kamillentee und Getreide gefüttert, durften die jungen Gänse auf unserem Hof ins Freie. Davor hätten sie sich nämlich eine Lungenentzündung holen können. Den ganzen Sommer bekamen sie dann würziges Gras, Getreide und viel Auslauf – und im November waren sie dann von bestem Geschmack. Aber als saftigen Braten haben wir sie sehr selten bekommen, denn meine Großeltern waren nicht reich, und deshalb wurden die Gänse meist nach Wien verkauft.

Für die Tradition des Ganslessens gibt es mehrere Erklärungen. Der Satz „Die Gänse haben St. Martin verraten, drum müssen sie jetzt im Ofen braten" lässt sich durch folgende Legende erklären: Martin, der die Nachfolge des verstorbenen Bischofs von Tours nicht antreten wollte, hatte sich in einem Stall versteckt, wo er durch das Schnattern der Gänse verraten wurde – und die müssen heute noch für diese Indiskretion büßen. Es ist freilich keineswegs nur der heilige Martin, dem die Gänse ihr Los verdanken. Eine wahrscheinlichere Deutung ist, dass zu Martini stets das neue Wirtschaftsjahr der Bauern begann, da wurden die Löhne bezahlt. So mancher fleißige Handwerker oder Weinhauer wurde für die Mühen des Jahres mit einem knusprigen Gänsebraten belohnt. „Lichtgans" hieß sie für Handwerker, die sich nun bei Kerzen und Ölfunzeln über ihre Arbeit beugen mussten; „Lesgans" für die Helfer im Weinberg. Martini war auch ein wichtiger Termin für die Kellerarbeit. Am 11. November wurde der junge Wein als Heuriger ausgeschenkt. Und auch Steuern waren am Martinitag fällig, Bauern mussten ihren Grundherren ihren Jahreszins zahlen und unter den Naturalabgaben erfreute sich das Gänsefleisch eines besonders hohen Ansehens. Das saftigste und beste Fleisch geben die Tiere tatsächlich im November, und zu guter Letzt wollte man sich, knapp vor Beginn der sechswöchigen Adventzeit, die früher Fastenzeit war, nochmals hemmungslos kulinarischen Genüssen hingeben. Zu Martini wurde auch das Vieh geschlachtet, das aus Kostengründen nicht den ganzen Winter durchgefüttert werden konnte, so auch die Gänse.

SORTEN: Gänse haben zwischen Martini und Neujahr ihren großen Auftritt.
In den Handel kommen meist junge Mastgänse mit einem Alter von etwa 6 Monaten und einem Bratgewicht zwischen 4–5 kg, dann ist das Fleisch am schmackhaftesten. Eine Gans sollte nicht älter als acht Monate sein. Aus dem Waldviertel kommen nicht nur besonders gute Erdäpfel, sondern auch Freilandschweine und die fettärmeren Weidegänse.
Junge Tiere erkennt man an der hellen, glatten Haut ohne Flecken und an biegsamen, noch nicht verknöcherten Brustbeinspitzen.
Im November und Dezember sind auch Gänseteile (Keulen, Brust) frisch oder tiefgekühlt im Handel erhältlich.

LAGERUNG: Wie jedes Geflügel sollen Gänse so rasch wie möglich verarbeitet werden. Gänse maximal zwei Tage im Kühlschrank aufbewahren.
Einfrieren: Tiefgekühlt sind Gänse bis zu 8 Monaten haltbar. Tiefgekühlte Gänse aus der Verpackung nehmen und in einer zugedeckten Schüssel langsam im Kühlschrank auftauen lassen (dauert mindestens 24 Stunden). Dann sofort weiterverarbeiten.

VERARBEITUNG: Gans bei niederer Temperatur braten und die Haut (nicht das Fleisch!) während des Bratens öfter mit einer Gabel anstechen, so kann überschüssiges Fett auslaufen. Kurz vor Ende der Bratzeit Temperatur erhöhen, so erhält man eine knusprige Haut.
Die Bratdauer hängt vom Gewicht und von der Fleischqualität ab. Pro Kilogramm rechnet man mit 50 Minuten, bei gefüllten Gänsen mit 60 Minuten.
Garprobe: Mit einer Gabel die Schenkel anstechen – ist der austretende Saft hell und klar, ist die Gans gar.
Gänsestopfleber: In Österreich ist das Stopfen aus Tierschutzgründen verboten, aber Importe sind erlaubt.

Zum Auftakt eines festlichen Martinimahls eine klare Gänsesuppe, die schon fast eine Essenz ist:

Ganslsuppe mit Frittaten

Zutaten für 4 Portionen
Knochen, Flügel und Hals von 1 Gans
2 Esslöffel Öl
1 Bund Wurzelgemüse, in grobe Würfel geschnitten
2 Lorbeerblätter
10 Pfefferkörner
1 Zweig Thymian
5 Nelken
1 Stange Lauch
15 dag Karotten
15 dag Sellerie
1 Esslöffel Petersilie, gehackt
Frittaten:
8 dag Mehl (glatt)
2 Eier
5 dag zerlassene Butter
Salz
Pfeffer aus der Mühle
Muskat
5 cl Milch
1 Esslöffel Petersilie, gehackt
1 Esslöffel Öl
1 dag Butter

EINFACH
Zubereitungszeit: 1 Stunde 15 Minuten

Gänseknochen und Hals klein hacken und in heißem Öl rösten. Wurzelgemüse kurz mitrösten, Lorbeer, Pfefferkörner, Thymian und Nelken beifügen. Mit 1,5 l kaltem Wasser aufgießen und bei geringer Hitze etwa 1 Stunde kochen lassen. Aufsteigenden Schaum mit einem Schaumlöffel immer wieder abschöpfen.
Inzwischen Lauch, Karotten, Sellerie putzen und in dünne Streifen schneiden.
Frittaten: Mehl, Eier, flüssige Butter, Salz, Pfeffer und Muskat mit der Milch – am besten mit dem Stabmixer – glatt rühren. Petersilie dazugeben.
Öl und Butter in einer Pfanne erhitzen und aus dem Teig dünne Palatschinken backen. Palatschinken eng einrollen und in dünne Streifen schneiden.
Gänsesuppe durch ein Sieb seihen. Suppe nochmals erhitzen und Karotten sowie Sellerie darin bissfest kochen. Kurz vor dem Servieren Lauch, Frittaten und Petersilie in die Suppe geben und anrichten.

Eine geschmorte Gans mit einer sensationellen fruchtigen Sauce und Walnussknödeln:

Geschmorte Gans in Ribiselsauce

Zutaten für 4 Portionen
1 bratfertige Gans (4 kg)
2 Esslöffel Öl
Salz
Pfeffer aus der Mühle
1 Kaffeelöffel Majoran (getrocknet)
30 dag Stangensellerie, in Würfel geschnitten
40 dag rote Zwiebeln, in Würfel geschnitten
2–3 Esslöffel Gänseschmalz
1/2 l Schwarzer Ribiselsaft
1/4 l Ganslsuppe
Gewürzsäckchen (4 Nelken, 3 Zimtstangen)
2 Äpfel (Boskop, Cox Orange), geschält, in Stücken
3 dag Butter
2 Esslöffel Honig
1 Kaffeelöffel Stärkemehl

EINFACH
Zubereitungszeit: 2 Stunden

Gans waschen, trocken tupfen und in 8 Stücke teilen. Mit Öl einstreichen, mit Salz, Pfeffer und Majoran würzen.
Gänseschmalz in einer Bratwanne erhitzen und die Gänseteile darin rundum anbraten. Sellerie und Zwiebeln kurz mitbraten. Mit Ribiselsaft und Gänsesuppe aufgießen, Gewürzsäckchen beifügen; Gansl zugedeckt im vorgeheizten Rohr bei 180 °C etwa 1 Stunde schmoren. Äpfel hinzufügen, Gans eine weitere Stunde zugedeckt bei 160 °C schmoren, öfter mit dem Schmorsaft übergießen.
Butter mit Honig erwärmen. Ganslstücke aus der Bratwanne nehmen, Sauce passieren. Ganslstücke mit Honigbutter bestreichen, in der Bratwanne unter dem Grill oder bei starker Oberhitze 2–3 Minuten knusprig braten. Sauce auf die halbe Menge einkochen. Stärkemehl mit etwas Wasser glatt rühren, in die Sauce einrühren; mit Salz und Pfeffer abschmecken. Gansl mit Ribiselsauce und Walnussknödel anrichten.

Walnussknödel

Zutaten für 4 Portionen
20 cl Milch
7 dag Butter
Salz
9 dag Hartweizengrieß
1 Ei
1 Dotter
5 dag Walnusskerne, gehackt
Pfeffer aus der Mühle
Walnussbutter:
15 dag Butter
3 dag Walnusskerne, gerieben
3 dag Semmelbrösel

Zubereitungszeit: 40 Minuten (plus Kühlzeit)

Milch mit Butter und Salz aufkochen, Grieß beifügen und unter ständigem Rühren einkochen, bis sich ein weißer Belag am Topfboden bildet. Von der Hitze nehmen und etwa 15 Minuten quellen lassen. Ei und Dotter unterrühren, Nüsse untermengen und den Teig mit Pfeffer würzen. Zugedeckt etwa 1 Stunde kalt stellen.
Mit feuchten Händen Knödel formen, in kochendes Salzwasser einlegen und bei geringer Hitze etwa 10–15 Minuten ziehen lassen. Hinweis: Wenn die Knödel an die Wasseroberfläche steigen, sind sie gar.
Butter schmelzen, Walnüsse und Brösel beifügen und knusprig rösten. Knödel mit einem Lochschöpfer aus dem Wasser heben, gut abtropfen lassen und mit der Walnussbutter übergießen.

Die Lieblingsgans eines Stammgastes bei uns im Wirtshaus, der – nicht gelogen – gemeinsam mit seiner Wirtschafterin eine ganze Gans verschlungen hat!

Martinigans mit Bratquitten

Zutaten für 4–6 Portionen
1 Zwiebel (15 dag)
5–6 Knoblauchzehen
1 Esslöffel Majoran
1 Esslöffel Beifuß
1 Esslöffel Salz
Pfeffer aus der Mühle
1 bratfertige Gans (4 kg)
2 Esslöffel Bier
1/8 l Gänsefond

Gänsefond:
Gänseklein von 1 Gans (Flügerl, Hals, Knochenabschnitte, Innereien ohne Leber)
Salz
1 kleine Zwiebel (8 dag)
1 Knoblauchzehe
5 dag Karotten
5 dag Knollensellerie
1 Lorbeerblatt
Pfefferkörner
Kräuterstiele

MITTEL
Zubereitungszeit: 4 Stunden

Zwiebel und Knoblauch schälen, grob hacken. Majoran, Beifuß, Salz sowie Pfeffer dazugeben und alles zusammen – am besten mit einem Wiegemesser – fein hacken.
Gans waschen, mit Küchenkrepp trocken tupfen. Innen und außen mit der Gewürzmischung kräftig einreiben.
Gans mit der Brustseite nach unten in eine Bratwanne einlegen und im vorgeheizten Rohr bei 180 °C etwa 1 Stunde braten. Gans wenden und weitere 2 Stunden braten. Immer wieder die Gans mit dem eigenen Bratensaft übergießen.
Die Gans mit Bier bestreichen und bei 200 °C noch etwa 20 Minuten braten. Aus der Wanne heben und 5 Minuten rasten lassen.
Vom Bratensaft das überschüssige Fett abgießen, mit dem Gänsefond aufgießen, durchrühren, durch ein Sieb passieren und den Bratensaft noch einmal aufkochen.
Gans in Portionen teilen und mit Bratensaft und Bratquitten anrichten.
Gänsefond: Während die Gans im Rohr brät, wird der Fond zubereitet: Gänseklein waschen, in etwa 1 1/2 l kaltem, wenig gesalzenem Wasser zustellen und aufkochen. Zwiebel halbieren, Knoblauch grob hacken. Karotten sowie Sellerie putzen und in 2 cm große Stücke schneiden.
Alles zusammen mit Lorbeerblatt, einigen Pfefferkörnern und Kräuterstielen beifügen und bei geringer Hitze etwa 11/2 Stunden langsam kochen lassen. Aufsteigenden Schaum immer wieder mit einem Siebschöpfer entfernen. Gänsefond durch ein feines Sieb seihen. Hinweis: Fond eignet sich zum Aufgießen des Gänsebratenansatzes oder auch für die Zubereitung einer Suppe.
Bratquitten: 4–6 kleinere Quitten gut waschen, Kerngehäuse ausstechen und Quitten etwas aushöhlen. Tipp: Am besten mit einem kleinen, scharfen Messer, da die Quitten relativ hartes Fruchtfleisch haben. Ausgelöstes Fruchtfleisch fein hacken und mit 10 dag Walnüssen (gerieben), 1 Kaffeelöffel Blütenhonig, 3 Esslöffeln flüssigem Schlagobers und einer Prise Zimt vermengen. Quitten damit füllen. Eine Stunde vor Beendigung der Bratzeit zur Gans geben und mitbraten. Mit Saft öfter übergießen.

„Der Gans gehören die großen, dem Hendl die kleinen Feste", sagte meine Großtante immer.
Ein Rezept für ein ziemlich großes Fest:

Böhmische Gans

Zutaten für 4–6 Portionen
1/8 l Milch
2 dag frische Germ
4 dag Kristallzucker
35 dag Mehl (glatt)
2 Dotter
1 Ei
Prise Salz
10 dag Butter
15 dag Dörrzwetschken
1 bratfertige Gans (etwa 4 kg)
Pfeffer aus der Mühle
4 dag Butter, zum Einstreichen
40 cl Hühnerbouillon oder Ganslfond
1 Esslöffel Honig

AUFWÄNDIG
Zubereitungszeit: 5 Stunden (plus Rastzeit)

Füllung: Milch leicht erwärmen, zerbröselte Germ und Zucker darin auflösen; mit 3 Esslöffeln vom Mehl glatt rühren und zugedeckt an einem warmen Ort etwa 15 Minuten gehen lassen. Dampfl mit Dottern, Ei Prise Salz und zerlassener Butter – am besten mit den Knethaken – zu einem glatten Teig verarbeiten. Teig zugedeckt an einem warmen Ort etwa 30 Minuten gehen lassen. Das Volumen soll sich verdoppeln.
Dörrzwetschken feinwürfelig schneiden und unter den Teig kneten.
Gans waschen, trocken tupfen. Innen und außen mit Salz und Pfeffer kräftig würzen, mit dem Germteig füllen. Die Öffnung mit einem Zahnstocher oder Rouladennadeln verschließen. Gans mit Küchengarn in Form binden, etwa 1 Stunde liegen lassen (damit der Germteig nochmals gehen kann).
Gans mit Butter rundum einstreichen, mit der Brust nach unten in eine Bratwanne setzen und im vorgeheizten Rohr bei 130 °C etwa 2 Stunden braten. Die Gans wenden, mit der halben Menge Bouillon oder Fond aufgießen und die Gans bei 130 °C noch etwa 2 Stunden 30 Minuten fertig braten. Die Gans immer wieder mit Bratensaft übergießen und nach der halben Bratzeit mit einer Gabel mehrmals einstechen.
Gans aus der Bratwanne nehmen und etwa 10 Minuten rasten lassen. Überschüssiges Fett vom Bratensaft abseihen, Bratensaft mit restlicher Bouillon aufkochen und etwas einkochen lassen. Mit Honig abschmecken.
Küchengarn und Zahnstocher von der Gans entfernen. Keulen abschneiden, anschließend mit einer Geflügelschere behutsam das Brustbein durchschneiden, aufklappen, sodass man die Germteigfüllung im Ganzen herausheben kann. Füllung in Scheiben schneiden. Gans in Portionen teilen, mit Füllung und Bratensaft anrichten. Mit Honigkraut servieren.

Honigkraut

Zutaten für 6 Portionen
9 dag Honig
3/8 l Weißwein (trocken)
1,2 kg Sauerkraut
Salz
Pfeffer aus der Mühle

Honig mit Wein bei geringer Hitze erwärmen. Sauerkraut – falls notwendig waschen – gut ausdrücken und beifügen. Mit Salz und Pfeffer würzen und bei geringer Hitze dünsten, bis die Flüssigkeit zur Gänze verkocht ist.

Ein würziger Brotaufstrich:

Eingegossenes Gansl

Zutaten für 6–8 Portionen
2 Gänsekeulen (à 40 dag)
2 Gänseflügel (à 25 dag)
1 Bund Suppengrün
1 Lorbeerblatt
6 Pfefferkörner
Salz
Pfeffer aus der Mühle
30 dag Gänseschmalz
1 Bund Thymian

EINFACH
Zubereitungszeit: 2 Stunden 30 Minuten

Keulen und Flügel waschen, trocken tupfen, mit Wasser bedeckt aufkochen. Suppengrün putzen und mit Lorbeerblatt, Pfefferkörnern beifügen, wenig salzen. Aufsteigenden Schaum mit einem Lochschöpfer abschöpfen. Bei geringer Hitze etwa 2 Stunden kochen lassen. Abseihen und den Kochsud auf 15 cl einkochen lassen. Inzwischen das Fleisch von den Knochen lösen und in feine Fasern zerteilen. Mit Salz und Pfeffer würzen, im Kochsud wenden, bis die Fleischstücke durchtränkt sind.
Schmalz erwärmen, Thymian von den Zweigen zupfen, grob hacken und unterrühren. Fleisch beifügen, gut vermengen, in ein verschließbares Gefäß füllen und – am besten über Nacht – kalt stellen.

Fisch

FISCH

VERLIEBT …

Kein Essen sättigt wie Fisch, ohne schwer im Magen zu liegen. Doch bei uns war Fisch lange Zeit Fastenspeise.

Im Orient gilt der Fisch wegen der Eleganz seines Geschmacks als erotisierendes Nahrungsmittel. Das wusste schon Sultan Saladin. Er wollte die Keuschheit seiner Derwische testen und ließ ihnen ein üppiges Fleischmahl servieren, dazu ließ er die betörendsten Odalisken einschweben. Sie tanzten sieben Tage und sieben Nächte lang. Sultan Saladin wurde unruhig, aber die Derwische blickten sittsam nach unten und gingen keusch, wie sie gekommen waren, in ihre Zellen zurück. Darauf hin ließ ihnen der Sultan sieben Monde und sieben Tage Fisch und Meeresfrüchte servieren, die Odalisken tanzten wieder und diesmal konnten die Derwische der Versuchung nicht widerstehen. Der Fisch tat seine Schuldigkeit. Dieses schöne Märchen hat sich in Europa erst herumgesprochen, als der Fisch schon längst als Fastenspeise etabliert war, zu spät, um ihn zu verbannen.

In den Klöstern blieb er jedenfalls sehr beliebt. Und die klugen Mönche wussten, wie sie sich die 150 Fasttage im Jahr angenehmer machen konnten. Sie züchteten – um sich nicht den Vorwurf der Unmäßigkeit auszusetzen – einen Karpfen, der nicht größer war als ihr Teller, dafür aber doppelt so hoch wie ein herkömmliches Exemplar, und weniger Gräten hatte er auch! Und er war auch ein echter Fisch. Das war bei Fastenspeisen gar nicht so selbstverständlich. Die strengen Fastenregeln wurden nämlich mit List umgangen. Denn alles, was sich im Wasser bewegte, galt als fastentauglich – also auch Biber, Wildenten, Fischreiher, Frösche, Gänse exotischer Herkunft und Meerschweinchen. Die Fastenzeit forderte von den Köchinnen ein Maximum an Einfallsreichtum. Schlickkrapfen mit Karpfenmilch, Biberschwänze in Rosinensauce, Würste aus Fisch, Lungenbraten vom Hecht und natürlich Karpfen – in Blutsauce gekocht, mit Kapern, Zimt, Pomeranzen und Nelken; auf bairische, ungarische, polnische, französische Art zubereitet, gesulzt, gefüllt, blau gesotten …

Als dann Kaiser Josef II. die Zahl der Fasttage reduzierte, ließ prompt auch der Fischkonsum nach. Es begann die große Rindfleisch- und Backhendlzeit.

Bis dann irgendwann unternehmungslustige Gastronomen den Fisch rehabilitierten. Alte Rezepte aus der ungarischen, polnischen und böhmischen Küche tauchen in einer verfeinerten, leichteren Version wieder auf. Der Fisch beginnt wieder Terrain zu erobern, sein Fastenvorleben ist vergessen.

Man besinnt sich wieder auf Forelle, Saibling, Zander und Co. Strenge Auflagen durch den Umweltschutz stellen sicher, dass unsere Gewässer frei von Schadstoffen sind – und das schmeckt man eben!

EINKAUF: Frischer Fisch muss einen angenehmen, neutralen Geruch haben – Fisch darf nicht „fischeln“. Die Haut muss straff sein, die Augen glänzend. Fangfrische Fische sind von einer transparenten Schleimschicht überzogen, mit leicht metallisé wirkendem Schimmer.
Wenn möglich, bitten Sie Ihren Fischhändler um eine Druckprobe. Die Delle, die nach einem festen Daumendruck entsteht, sollte rasch wieder verschwinden.

LAGERUNG: Fisch am besten unmittelbar nach dem Einkauf zubereiten. Wenn das nicht möglich ist, sofort in den Kühlschrank legen. Die ideale Lagertemperatur ist bei 0 °C, meist beschränken sich Kühlschränke auf ca. 4 °C, was zu warm für mehrtägige Lagerung ist. Wird der Fisch nicht sofort verarbeitet, soll man ihn ohne Verpackung in ein gut verschließbares Gefäß – am besten mit einem Siebeinsatz – legen oder in eine Box, die man zu einem Drittel mit Eis füllt. Der Fisch sollte aber nicht direkt mit Eis in Berührung kommen, deswegen legt man eine Folie dazwischen.

VERARBEITUNG: Ausgenommene Fische immer unter fließendem Wasser waschen, Bauchhöhle gut säubern und mit Küchenkrepp abtupfen.
Zum Braten am besten beschichtete Pfannen verwenden, Pfanne gut erhitzen, dann Bratfett hinein geben. Damit die Haut schön knusprig wird, kann man die Haut in Mehl oder in feinen Weißbrotbröseln wenden. Filets immer zuerst auf der Hautseite anbraten. Die Bratzeit bei Filets ist sehr kurz, 1 bis maximal 2 Minuten sind ausreichend. Anbraten, anschließend Pfanne von der Hitze nehmen, Filets wenden und auf der Fleischseite kurz ziehen lassen. Saftig ist der Fisch, wenn er noch leicht glasig ist. Ein im Ganzen gebratener Fisch ist gar, wenn sich die Flossen leicht herausziehen lassen, die Augäpfel weiß sind und aus den Augenhöhlen treten.
Wichtig: Gegarte Fische immer auf vorgewärmten Tellern anrichten!

WÜRZTIPP: Beim Würzen mit Knoblauch sparsam umgehen, damit er den zarten Süßwasserfischgeschmack nicht übertönt. Fisch erst unmittelbar vor Zubereitung mit Salz und Zitronensaft würzen.

Eine ungarisch angehauchte Rhapsodie zum Löffeln:

Karpfensuppe

Zutaten für 6 Portionen
5 Paradeiser
3 Knoblauchzehen
50 dag Zwiebeln
15 dag Karotten
1 rote Paprikaschote
4 Esslöffel Öl
1 Esslöffel Paprikapulver (edelsüß)
2 dag Mehl (glatt)
1 Esslöffel Paradeisermark
1/8 l Weißwein
1/4 l Rotwein
11/2 l Fischfond (aus dem Glas)
Salz
Pfeffer aus der Mühle
20 dag Zucchini
50 dag Karpfenfilet

MITTEL
Zubereitungszeit: 1 Stunde

Paradeiser waschen, Stielansatz entfernen und die Paradeiser in Würfel schneiden. Knoblauch schälen und fein hacken.
Zwiebel schälen, Karotten und Paprika putzen, alles in kleine Würfel schneiden und in 3 Esslöffel erhitztem Öl anrösten, Paprikapulver sowie Mehl einrühren, Knoblauch, Paradeisermark beifügen und bei mittlerer Hitze 2–3 Minuten mitrösten, mit Weiß- und Rotwein aufgießen; auf die halbe Menge einkochen lassen. Mit Fond aufgießen und bei geringer Hitze etwa 30 Minuten kochen lassen. Suppe durch ein Sieb passieren, mit Salz sowie Pfeffer abschmecken.
Zucchini waschen, putzen und in Würfel schneiden, in restlichem Öl anbraten, mit Suppe aufgießen und aufkochen. Karpfenfilet in 5 cm breite Streifen schneiden, salzen und pfeffern; in die Suppe einlegen und bei geringer Hitze etwa 5 Minuten darin ziehen lassen. Suppe in tiefen Tellern anrichten und mit Petersilie bestreut servieren.

Ein „g'spickter Fisch am Weihnachtstisch" …

Gespickter Karpfen

Zutaten für 4 Portionen
10 dag Schinkenspeck
4 Karpfenfilets (à etwa 18 dag)
8 Lorbeerblätter
Salz
2 Esslöffel Zitronensaft
4 Esslöffel Olivenöl
2 Thymianzweige
4 Knoblauchzehen

EINFACH
Zubereitungszeit: 30 Minuten

Speck in kleine Stifte schneiden. Haut der Karpfenfilets in etwa 1 cm großen Abständen nicht zu tief einschneiden. Abwechselnd in die Einschnitte Speckstifte und Lorbeerblätter stecken. Filets mit Salz sowie Zitronensaft würzen.
In einer beschichteten Pfanne Öl erhitzen, Karpfenfilets mit der Hautseite nach unten einlegen, Thymian sowie halbierte Knoblauchzehen samt Schale dazugeben; bei geringer Hitze etwa 4 Minuten langsam braten; Filets wenden und weitere 4 Minuten braten. Karpfenfilets anrichten. Dazu passt Creme-Polenta.

Creme-Polenta

Zutaten für 4 Portionen
15 dag Maisgrieß
2 Esslöffel Butter
Salz
Muskat
2–3 Esslöffel geschlagenes Schlagobers

Maisgrieß in 3/4 l kochendes Wasser rühren. Butter beifügen, zugedeckt bei geringer Hitze etwa 20 Minuten cremig einkochen. Mit Salz und Muskat würzen, Obers unterrühren.

Anmerkung: Der Karpfen hat zahlreiche kleine Gräten, die wie Widerhaken im Fleisch sitzen und mit einer Pinzette unmöglich entfernt werden können. Fisch deswegen schröpfen: Rohe Karpfenfilets vor der Weiterverarbeitung in 0,5 cm Abständen mit einem scharfen Messer einschneiden. Die Gräten sind damit so zerkleinert, dass sie sich während des Bratens auflösen.

Der leichte Karpfen …

Wurzelkarpfen

Zutaten für 4 Portionen
2 Karotten
1/2 Sellerie
1/2 Stange Lauch
1/2 Zwiebel
2 dag Butter
10 cl Weißwein
1/2 l Fischfond oder milde Gemüsebouillon
3 Esslöffel Weißweinessig
2 Lorbeerblätter
6 Pfefferkörner
Salz
1 Karpfen (etwa 80 dag – 1 kg), küchenfertig
Pfeffer aus der Mühle
1–2 Karotten
1 Gelbe Rübe
1/2 Sellerie
1/2 Stange Lauch
3 dag Butter
Pfeffer
Zitronensaft
3 Esslöffel kalte Butter
1–2 Esslöffel Kren, frisch gerissen
Petersilie, gehackt, zum Garnieren

MITTEL
Zubereitungszeit: 1 Stunde

Gemüse putzen, waschen und in grobe Würfel schneiden. Zwiebel schälen und groß würfelig schneiden, in zerlassener Butter mit dem Gemüse glasig anrösten. Mit Weißwein aufgießen, etwas einkochen lassen. Fond und Essig dazugießen, Lorbeerblätter und Pfefferkörner beifügen, aufkochen lassen; mit wenig Salz würzen.
Karpfen innen und außen waschen, trocken tupfen und die Haut auf beiden Seiten in 5 mm Abständen mit einem scharfen Messer einschneiden. Fisch in den Sud einlegen und zugedeckt bei geringer Hitze etwa 20 Minuten ziehen lassen.
Garnitur: Karotten, Gelbe Rübe, Sellerie sowie Lauch putzen, waschen und in sehr feine Streifen schneiden; in erhitzter Butter glasig bissfest braten.
Karpfen aus dem Sud nehmen und warm stellen. Kochsud durch ein Sieb seihen, auf die halbe Menge einkochen lassen und mit Salz, Pfeffer sowie Zitronensaft abschmecken. Kalte Butter einrühren, mit dem Stabmixer aufschäumen, Wurzelgemüsestreifen in die Sauce geben und über den Karpfen gießen. Mit Kren und Petersilie bestreut anrichten.

„Mariniert erregt er eine günstige Vorstellung, gebacken stille Befriedigung, in Gelee aufrichtige Bewunderung … und blaugesotten endlich jenes innige tiefe Entzücken, für das Auserwählte keine Worte haben und das man kurz und bündig als die blaue Karpfenseligkeit bezeichnet." (Aus Habs/Rosners Loblied des Karpfens)

Wickelt man Fisch in Pergament oder Alufolie, wird er fast geruchlos im Rohr gegart. Wenig Aufwand, kaum Geruch, viel Geschmack!

Saibling im Pergament

Zutaten für 4 Portionen

Kräuterbutter:
1 Knoblauchzehe
4 Petersilienzweige
6 Kerbelzweige
2 Estragonzweige
15 dag Butter
Schale von 1/2 Zitrone (unbehandelt), abgerieben
Salz
Pfeffer aus der Mühle

Saiblinge:
4 küchenfertige Saiblinge
30 dag Kirschparadeiser
Salz
Pfeffer aus der Mühle
2 Esslöffel Zitronensaft
6 Esslöffel Olivenöl
4 Estragonzweige
Pergamentpapier

EINFACH
Zubereitungszeit: 1 Stunde 15 Minuten

Kräuterbutter: Knoblauch schälen und fein hacken. Kräuter von den Stielen zupfen und fein hacken. Weiche Butter – am besten mit dem Handrührgerät – cremig aufschlagen. Knoblauch, Kräuter sowie Zitronenschale unterrühren, salzen und pfeffern.
Von den Fischen Flossen und Kiemen abschneiden, Fische unter fließendem kaltem Wasser waschen und trocken tupfen. Paradeiser halbieren. Backpapier in 8 Bahnen à 60 x 35 cm zuschneiden. Jede Bahn dünn mit Olivenöl bestreichen und jeweils 2 aufeinander legen. Fische innen und außen salzen, pfeffern, mit Zitronensaft beträufeln und mit restlichem Olivenöl bestreichen. Saiblinge jeweils in die Mitte des Papiers setzen und in die Bauchhöhle Kräuterbutter in Flocken, Paradeiser und je 1 Estragonzweig füllen. Papier über den Fischen zusammenfalten und mit Küchengarn an den Enden wie ein Bonbon zusammenbinden. Auf ein Blech legen und im vorgeheizten Rohr bei 200 °C etwa 30 Minuten backen. Saiblinge im Pergament servieren.
Dazu passen kleine Erdäpfel oder einfach knuspriges Weißbrot.

Ein hinreißend schlichtes Gericht – durch die Salzmasse bleibt der Fisch saftig wie bei keiner anderen Garmethode.

Fisch in der Salzkruste mit Fenchelschaum

Zutaten für 4 Portionen
1 küchenfertiger Fisch (etwa 1, 2 kg), wie Lachsforelle oder Zander
3 Esslöffel Zitronensaft
Pfeffer aus der Mühle
1 Knoblauchzehe, geschält
4 Petersilienzweige
1 Thymianzweig
2 Dillzweige
2 kg grobkörniges Salz (Meersalz)
2 Eiklar

EINFACH
Zubereitungszeit: 45 Minuten

Fisch innen und außen unter fließendem kaltem Wasser gründlich waschen und mit Küchenkrepp trocken tupfen.
Fisch innen und außen mit Zitronensaft beträufeln, mit Pfeffer würzen und mit Knoblauchzehe, Petersilie, Thymian- und Dillzweigen füllen.
Meersalz mit Eiklar und etwa 1/8 Wasser vermengen. Ein Drittel der Salzmenge auf ein mit Backtrennpapier ausgelegtes Backblech auftragen und den Fisch darauf legen. Den Fisch mit dem restlichen Salz bedecken. Hinweis: Das Salz mit den Händen fest an den Fisch drücken, der Fisch muss zur Gänze mit Salz bedeckt sein.
Im vorgeheizten Rohr bei 200 °C etwa 30 Minuten backen. Hinweis: Der Salzteig soll hellbraun und hart sein. Im ausgeschalteten Rohr noch etwa 5 Minuten rasten lassen.
Aus dem Rohr nehmen und die Salzkruste – am besten mit einem Fleischklopfer – lösen. Salzkruste entfernen und den Fisch mit einem Küchenpinsel vom restlichen Salz befreien.
Haut entlang des Rückens und beim Kopf einschneiden und mit Hilfe einer Gabel vorsichtig vom Fisch lösen.

Fenchelschaum

Zutaten für 4 Portionen
80 dag Fenchel
2 Esslöffel Butter
Salz
Pfeffer aus der Mühle
1 Esslöffel Wermut
3 Esslöffel Weißwein (trocken)
2 Dotter
1/8 l Weißwein (trocken)
2 Esslöffel Schlagobers

Fenchel waschen, putzen, Strunk entfernen und den Fenchel klein würfelig schneiden. Butter in einem Topf zerlassen, Fenchel darin glasig anrösten, mit Salz und Pfeffer würzen. Mit Wermut sowie Wein aufgießen und den Fenchel darin bissfest dünsten. Dotter mit Wein über Dampf schaumig schlagen. Schlagobers steif schlagen und zusammen mit dem Weißweinschaum unter den Fenchel rühren.

Knusprig und saftig …

Zander in Mohn-Bröseln

Zutaten für 4 Portionen
4 dag Grau- oder Weißmohn
50 dag küchenfertige Zanderfilets (ohne Haut und Gräten)
11 dag Semmelbrösel
Salz
Pfeffer aus der Mühle
1 Esslöffel Zitronensaft
10 dag Mehl (glatt)
2 Eier
Fett zum Ausbacken

EINFACH
Zubereitungszeit: 40 Minuten

Mohn in einer Pfanne ohne Fett bei geringer Hitze rösten, von der Hitze nehmen und etwas abkühlen lassen. Fischfilets waschen und trocken tupfen; in etwa 8–10 cm große schräge Stücke schneiden. Mohn mit den Semmelbröseln vermengen. Fisch salzen, pfeffern, mit Zitronensaft beträufeln und in Mehl, verquirlten Eiern und Mohn-Semmelbröseln panieren. In erhitztem Fett bei mittlerer Hitze beidseitig jeweils etwa 3 Minuten ausbacken; auf Küchenkrepp gut abtropfen lassen und servieren.
Dazu passt:

Erdäpfelsalat mit Ei-Marinade

Zutaten für 4 Portionen
80 dag festkochende Erdäpfel
Salz
1 Zwiebel
2 dl Gemüsebouillon
5–6 cl Weißweinessig
1 Esslöffel mittelscharfer Senf
5 cl Öl
Pfeffer aus der Mühle
1/2 Kaffeelöffel Zucker
2 Esslöffel Petersilie, gehackt
Ei-Marinade:
3 Eier
1 dag Kürbiskerne
Schale von 1 Zitrone (unbehandelt), abgerieben
2 Esslöffel Petersilie, gehackt
3 dag Kapern, abgetropft
2 Esslöffel Zitronensaft
Salz
Pfeffer aus der Mühle
Prise Zucker
4 cl Öl
1/2 Esslöffel Kürbiskernöl

Erdäpfel in Salzwasser etwa 20 Minuten kochen, abseihen, noch warm schälen und in dünne Scheiben schneiden. Zwiebel schälen und fein würfelig schneiden. Bouillon mit Essig, Senf und Öl verrühren und zusammen mit Zwiebeln 3–4 Minuten kochen. Heißen Sud über die Erdäpfel gießen, mit Salz, Pfeffer sowie Zucker würzen und vorsichtig vermengen. Zugedeckt etwa 30 Minuten ziehen lassen.
Eier etwa 10–12 Minuten hart kochen, abseihen, kalt abschrecken und schälen. Eiweiß und Dotter getrennt mittelfein hacken. Kürbiskerne ohne Fett in einer Pfanne rösten, fein hacken. Gehacktes Eiweiß und Dotter mit Zitronenschale, Petersilie und Kapern vermengen. Mit Zitronensaft, Salz, Pfeffer, Prise Zucker, Öl und Kürbiskernöl verrühren.
Erdäpfelsalat mit Ei-Vinaigrette anrichten.

Ein „elegantes“ Erdäpfelstrudelrezept:

Erdäpfel-Forellenstrudel

Zutaten für 4 Portionen
Strudelteig laut Grundrezept (s. S. 16) oder
4 Strudelblätter
50 dag Erdäpfel
Salz
30 dag Lauch
30 dag Forellenfilet
Pfeffer aus der Mühle
Farce:
10 dag Forellenfilet
1 dl Schlagobers
1 Ei
2 Dotter
Salz
Pfeffer aus der Mühle
Zitronensaft
1 Ei
8 dag zerlassene Butter

AUFWÄNDIG
Zubereitungszeit: 1 Stunde 30 Minuten

Erdäpfel in Salzwasser nicht zu weich kochen, abseihen, ausdampfen lassen, schälen und in etwa 1/2 cm dicke Scheiben schneiden. Lauch waschen, putzen und in schmale Ringe schneiden; kurz blanchieren, abseihen und gut abtropfen lassen.
Farce: Forellenfilet in Stücke schneiden und mit Schlagobers, Ei sowie Dottern im Mixer oder Cutter fein pürieren, durch ein Sieb streichen, mit Salz, Pfeffer sowie Zitronensaft abschmecken.
Forellenfilet in etwa 3 cm dicke Streifen schneiden, salzen, pfeffern.
Ei mit flüssiger Butter am besten mit dem Stabmixer aufschlagen. Ein Strudelblatt auf ein befeuchtetes Tuch legen, mit Ei-Butter bestreichen, zweites Strudelblatt darauf legen. Die halbe Menge des Lauchs auf zwei Dritteln verteilen. Erdäpfelscheiben darauf legen, darüber die Farce streichen und mit den Lachsstreifen belegen. Seitenlängen einschlagen, Strudel mit Hilfe des Strudeltuchs eng einrollen, mit Ei-Butter bestreichen und auf ein mit Backtrennpapier ausgelegtes Blech legen. Strudel etwa 2 Stunden kalt stellen. Anschließend im vorgeheizten Rohr bei 220 °C etwa 25 Minuten backen.
Dazu passt herrlich Dill- oder Schnittlauchsauce.

Leichtes Spiel mit zartem Fisch …

Gefüllter Zander mit Rahm-Ingwerkraut

Zutaten für 2 Portionen
4 Scheiben Toastbrot
2 Esslöffel Butter
1 Esslöffel Dille, gehackt
1 Esslöffel Petersilie
2 Eier
1 küchenfertiger Zander (80 dag)
2 Esslöffel Zitronensaft
Salz
Pfeffer aus der Mühle
6 dag Butter
4 Esslöffel Olivenöl

EINFACH
Zubereitungszeit: 45 Minuten

Toastbrot entrinden und in kleine Würfel schneiden. Butter in einer Pfanne zerlassen, Petersilie darin kurz anrösten, Dille und Toastbrot beifügen und kurz mitbraten. Eier verquirlen, dazu gießen und unter Rühren stocken lassen; von der Hitze nehmen und etwas überkühlen lassen.
Zander unter fließendem kaltem Wasser gründlich waschen und mit Küchenkrepp trocken tupfen. Innen und außen mit Zitronensaft beträufeln, salzen und pfeffern. Masse in die Bauchhöhle füllen, Öffnung behutsam zusammendrücken und eventuell mit Zahnstocher fixieren.
In einer beschichteten Pfanne Butter mit Öl erhitzen, Zander darin anbraten und im vorgeheizten Rohr bei 180 °C etwa 15–20 Minuten fertig braten. Hinweis: Nach etwa 8 Minuten wenden. Gefüllten Zander mit Rahm-Ingwerkraut anrichten.

Rahm-Ingwerkraut

Zutaten für 4 Portionen
8 dag Zwiebeln
2 dag Butter
50 dag Sauerkraut
8 dag Ingwer
1 Becher Crème fraîche
1 Lorbeerblatt
Salz
Pfeffer aus der Mühle
1 Esslöffel Honig
1/8 l Schlagobers

Zwiebeln schälen, fein würfelig schneiden und in erhitzter Butter anrösten. Sauerkraut – falls notwendig waschen – gut ausdrücken und beifügen. Ingwer durch eine Knoblauchpresse dazudrücken, Crème fraîche unterrühren und mit 1/8 l Wasser aufgießen. Lorbeerblatt beifügen und das Kraut mit Salz, Pfeffer sowie 1 Esslöffel Honig würzen. Zugedeckt bei geringer Hitze etwa 20 Minuten dünsten. Schlagobers steif schlagen und vor dem Servieren unterheben.

Naturschätze

MILCH

WO MILCH UND RAHM FLIESSEN …

Meiner Mutter verursachte schon der Gedanke an Milchhaut eine Gänsehaut, und andere Leute kann man beispielsweise mit Milchreis sehr weit jagen. Diese Abneigungen gehen meistens auf Geschichten aus der Kindheit zurück. Aber es gibt auch positive Erinnerungen. Wie anders schmeckte die Milch, frisch von der Kuh, damals am Bauernhof meiner Großeltern, warm und leicht süßlich! Heute sind ja schon viele Kinder der Meinung, dass Milch aus dem Packerl kommt und Kühe generell lila seien.
Milch ist die erste Nahrung, die der Mensch zu sich nimmt, und vielleicht suchen wir unbewusst die Erinnerung an die zärtlich geschenkte Muttermilch, wenn wir gerne rahmige Suppen und Saucen, Grießschmarren oder Millirahmstrudel essen …
Machen wir eine kleine Zeitreise zu unseren kulinarischen Anfängen, als Fleischgerichte die Ausnahme und Körner sowie Milch unsere Grundnahrungsmittel waren. Der Mensch schloss sich den Milch spendenden Tieren an, zog mit ihnen weiter. Rinder sollen es gewesen sein, die den Menschen dann sesshaft machten, denn diese haben ein kompliziertes Magensystem – um zu verdauen, bleiben sie länger an einem Ort als andere Herdentiere. Kuhmilch ist auch heute noch am stärksten verbreitet, der zweitwichtigste Milchlieferant ist die Ziege. Die Nomaden Eurasiens trinken Stutenmilch, deren gesundheitliche Meriten auch bei uns wiederentdeckt werden. Der Muttermilch am ähnlichsten soll Eselsmilch sein. Römische Luxusdamen sollen aus kosmetischen Gründen darin gebadet haben.
Und irgendwann kam jemandem die Königsidee, Milch zu Butter zu machen und damit auch ein sehr schmackhaftes Fett zu gewinnen.
Butter wurde neben Milch zur Basis der feinen Küche: Edle Saucen und schon gar unsere feinen Mehlspeisen sind ohne sie nicht vorstellbar. Im Barock unterlag die Butter dem Fastengebot, allerdings konnte man mit Geld, oder, wie der Schriftsteller Montesquieu, durch List ein Butterprivileg bekommen. Der Schriftsteller erbat sich beim Papst das Privileg, während der Fastenzeit Butter essen zu dürfen. Der Papst gewährte ihm diese Bitte, allerdings sollte die entsprechende Urkunde nur gegen eine hohe Geldspende ausgehändigt werden. Im Vorzimmer saß der Sekretär mit der teuren Urkunde. Montesquieu ging lächelnd an ihm vorbei und meinte: „Der Papst, der mit die Erlaubnis gab, Butter zu essen, ist ein ehrlicher Mann, Gott wird mir auch ohne Urkunde glauben.“

SORTEN: Milch wird in Österreich glücklicherweise noch immer flächendeckend frisch angeboten, man kann nach persönlicher Vorliebe und Verwendungszweck auswählen.

Kinderfrischmilch muss spätestens 24 Stunden nach dem Melken pasteurisiert werden. Der natürliche Fettgehalt beträgt mindestens 3,8 %.

Magermilch ist fast vollständig entrahmt, ihr maximaler Fettgehalt beträgt 3 %.

Leichtmilch hat einen Fettanteil von nur 1 %.

Vollmilch ist in Österreich die bedeutendste Milchsorte, mit einem Fettgehalt von 3,5 %.

Extravollmilch ist sehr fettreich, mit 4,5 % Fett.

Rohmilch bekommt man nur direkt beim Bauern. Die Milch ist unbehandelt, d. h. nicht pasteurisiert und sollte innerhalb von zwei Tagen verbraucht werden.

H-Milch ist ungeöffnet 8–12 Wochen ohne Kühlung haltbar. Die geöffnete Packung sollte wie Frischmilch gekühlt aufbewahrt und innerhalb von etwa 3 Tagen verbraucht werden.

Trockenmilch ist als Mager- oder Vollmilchpulver erhältlich und wird im Verhältnis 1 Teil Milchpulver und 7 Teile Wasser verflüssigt.

Schlagobers wird in der Molkerei aus dem „abgeschöpften" süßen Rahm gewonnen. Der Fettgehalt beträgt 36 %.

Sauerrahm wird durch Ansäuerung mit Bakterienkulturen hergestellt. Der Fettgehalt beträgt 15 %.

Crème fraîche wird auf die gleiche Art gewonnen, hat jedoch einen Fettgehalt von 36 %.

LAGERUNG: Milch und Milchprodukte immer im kühlsten Teil des Kühlschranks lagern. Milchprodukte nehmen sehr leicht Fremdgerüche an, deswegen nicht unmittelbar neben stark riechenden Lebensmitteln, wie etwa reifem Camembert oder Geselchtem, aufbewahren.

VERARBEITUNG: Für cremige Saucen verwendet man Obers oder Crème fraîche. Fettärmer geht es auch mit Joghurt oder Sauerrahm, allerdings müssen beide vorher mit Mehl angerührt werden, damit sie beim Erhitzen nicht ausflocken.

Schlagobers muss zum Aufschlagen kalt sein, war es einmal tief gefroren, kann es nur mehr zum Binden von Saucen und Suppen verwendet werden.

Kiwis enthalten ein Eiweiß spaltendes Enzym, weshalb mit Kiwis zubereitete Milchgerichte bitter schmecken.

Ein traditionsreiches Gericht …

Stosuppe mit Apfelschmankerln

Zutaten für 4 Portionen
Apfelschmankerln:
1 Ei
3 dag Staubzucker
1/2 Esslöffel Vanillezucker
Salz
1 säuerlicher Apfel (15 dag), z. B. Boskop
2 dag Mehl
1 dag Stärkemehl
Stosuppe:
1 Kaffeelöffel Kümmel (ganz)
3 Wacholderbeeren
2 Lorbeerblätter
3 Pfefferkörner
50 dag speckige Erdäpfel
1/4 l Sauerrahm
1/8 l Schlagobers
2 Esslöffel Mehl (glatt)
Salz
Pfeffer aus der Mühle
Balsamessig

EINFACH
Zubereitungszeit: 40 Minuten

Apfelschmankerln: Ei trennen. Dotter mit 1 dag Zucker, Vanillezucker, Prise Salz und 1 Esslöffel lauwarmem Wasser – am besten mit dem Handrührgerät – cremig aufschlagen. Apfel waschen und auf einer Haushaltsreibe rund um das Kerngehäuse grob raffeln, gut ausdrücken und unter die Dottermasse rühren. Eiklar mit restlichem Zucker zu steifem Schnee schlagen und abwechselnd mit dem Mehl sowie Stärkemehl unter die Dotter-Apfelmasse heben.
Biskuit auf ein mit Backtrennpapier ausgelegtes Blech streichen und im vorgeheizten Rohr bei etwa 170 °C etwa 12 Minuten backen; abkühlen lassen. Biskuit stürzen, Backpapier ablösen und das Biskuit in 1,5 cm große Rauten schneiden.
Stosuppe: 1 l Wasser mit Kümmel, Lorbeerblättern und Pfefferkörnern etwa 5 Minuten kochen lassen. Erdäpfel schälen, klein würfelig schneiden, dazugeben und bei geringer Hitze etwa 15 Minuten kochen. Rahm mit Schlagobers und Mehl glatt rühren, mit einer Schneerute in die heiße Suppe einrühren und bei geringer Hitze noch etwa 5 Minuten kochen. Lorbeerblätter entfernen und die Suppe mit Salz, Pfeffer sowie etwas Essig abschmecken.

Anmerkung: Eine Stosuppe wurde bis zu Beginn des 20. Jahrhunderts in vielen niederösterreichischen Bauernhäusern als tägliche Morgen- oder Abendsuppe gegessen. „Sto“ dürfte aus dem Slawischen kommen und bedeutet soviel wie gerinnen. Es gibt auch noch die Schreibweise Stoßsuppe, hergeleitet von „mit dem Sprudler gestoßen“. Regional unterschiedlich wird die Suppe entweder mit Sauermilch, nur mit Sauerrahm oder mit beiden Milchprodukten zubereitet. Milch kann heutzutage durch das Pasteurisieren nicht mehr auf natürlichen Weg säuern, sie verdirbt lediglich.

Nudeln aus flaumigem Erdäpfelteig verdanken wir den böhmischen Köchinnen – es kann nicht genug Variationen geben:

Überbackene Erdäpfelnudeln

Zutaten für 4 Portionen
Doppelte Menge Grundrezept Erdäpfelteig (s. S. 56)
5 dag Butterschmalz
1/4 l Sauerrahm
2 Eier
Salz
10 dag Hamburgerspeck
2 Esslöffel Schnittlauch, geschnitten

EINFACH
Zubereitungszeit: 1 Stunde 30 Minuten

Erdäpfelteig laut Grundrezept zubereiten. Teig zu etwa 3 cm dicken Rollen formen, mit einer bemehlten Teigkarte in etwa 4 cm lange Stücke schneiden und mit der Hand zu daumendicken Nudeln „wuzeln" (formen). Butterschmalz in einer Auflaufform zergehen lassen, Nudeln darin schwenken, nebeneinander schlichten und im vorgeheizten Rohr bei 180 °C etwa 40 Minuten knusprig backen. Rahm mit Eiern und Prise Salz versprudeln, über die Nudeln gießen und weitere 10 Minuten im ausgeschalteten Rohr backen. Inzwischen Speck in feine Würfel schneiden, in einer Pfanne ohne Fett knusprig braten; Fett abgießen. Erdäpfelnudeln mit Speck und Schnittlauch bestreut anrichten.

Musik, die auf der Zunge zergeht: Einen Tusch für das Tortenrezept meiner Großtante Anni!

Lieder ohne Worte-Torte

Zutaten für 12 Stück
20 dag Butter
10 dag Kristallzucker
4 frische Dotter
1/4 l Schlagobers
2 cl Rum
7 dag gemischte kandierte Früchte, klein gehackt
50 Biskotten
1/8 l Orangensaft (frisch gepresst)
1/8 l Schlagobers
1 Packung Vanillezucker
etwa 12 Biskotten für den Tortenrand

LEICHT
Zubereitungszeit: 30 Minuten (plus Kühlzeit)

Weiche Butter mit Zucker und Dottern mit dem Handrührgerät etwa 5 Minuten schaumig rühren. Flüssiges Schlagobers sowie Rum langsam nach und nach unterrühren, die Masse dickcremig aufschlagen. Kandierte Früchte untermengen.
Biskotten kurz in Orangensaft tauchen und den Boden einer Springform (26 cm Durchmesser) damit auslegen. Biskotten mit der halben Menge Creme bestreichen. Creme mit einer zweiten Lage kurz in Orangensaft getauchten Biskotten belegen und mit restlicher Creme bestreichen. Restliche Biskotten dekorativ auf die Tortenoberfläche legen. Torte behutsam mit Folie zudecken und mindestens 6 Stunden kalt stellen. Folie und Springform entfernen. Schlagobers mit Vanillezucker steif schlagen, in einen Dressiersack mit gezackter Tülle füllen und die Torte damit verzieren.
Biskotten halbieren und den Rand der Torte damit garnieren.

Der Millirahmstrudel meiner Großtante ist reines Seelenfutter, das auf Milde und Süße setzt …

Millirahmstrudel

Zutaten für etwa 8 Portionen
Grundrezept Strudelteig siehe Apfelstrudel (S. 16)
oder 4 Fertig-Strudelblätter
Füllung:
8 dag Rosinen, verlesen
5 Esslöffel Rum (38 %)
2 cl Orangenlikör
50 dag Butterbrioche
15 cl Milch
5 Eier
6 dag Butter
5 dag Staubzucker
Prise Salz
Mark von 1 Vanilleschote
Schale von 1/2 Zitrone (unbehandelt), abgerieben
1/4 l Sauerrahm
6 dag zerlassene Butter
Butter für die Form
1 Dotter
4 dag zerlassener Butter
Kanarimilch:
30 cl Milch
1 Dotter
1 Ei
1 Packung Vanillezucker
Staubzucker zum Bestreuen

AUFWÄNDIG
Zubereitungszeit: 1 Stunde 30 Minuten

Strudelteig laut Grundrezept zubereiten.
Füllung: Rosinen in Rum und Orangenlikör etwa 30 Minuten marinieren. Brioche entrinden (es sollen etwa 30 dag Brot übrig bleiben), grob würfelig schneiden, mit Milch übergießen und etwa 15 Minuten einweichen. Eier trennen. Zimmerwarme Butter mit Staubzucker, Prise Salz, Vanillemark und Zitronenschale schaumig rühren. Dotter nach und nach unterrühren. Sauerrahm unterziehen. Briochewürfel und Rosinen beifügen, gut durchrühren, etwa 10 Minuten rasten lassen.
Strudelteig auf einem bemehlten „Strudeltuch“ ausziehen, mit zerlassener Butter beträufeln. Eiklar zu steifem Schnee schlagen und unter die Füllung heben.
Den Teig zu zwei Dritteln mit der Füllung belegen. Dicke Teigränder abschneiden, Seitenlängen einschlagen, Teig mit Hilfe des Strudeltuches eng einrollen und in eine befettete Bratwanne legen. Dotter mit zerlassener Butter gut verquirlen und Strudel damit bestreichen; im vorgeheizten Rohr bei 180 °C etwa 15 Minuten backen.
Kanarimilch: Milch mit Dotter, Ei sowie Vanillezucker verquirlen, mit einem Viertel davon den Strudel übergießen, diesen weitere 40 Minuten backen. Hinweis: Mit der restlichen Kanarimilch immer wieder übergießen, bis sie vollkommen aufgebraucht ist.
Strudel aus dem Rohr nehmen, etwa 5 Minuten rasten lassen, in Portionen teilen, mit Zucker bestreuen und mit Vanille- oder Fruchtsauce servieren.

Die Frühlingsblüten kann man natürlich weglassen.

Rahmschmarren mit Frühlingsblüten

Zutaten für 4 Portionen
4 Eier
1 Vanilleschote
4 Esslöffel Staubzucker
Prise Salz
Schale von 1 Zitrone (unbehandelt), abgerieben
1 Esslöffel Rum
4 Esslöffel Sauerrahm
2 Esslöffel Mehl (glatt)
5 dag Butter
1 Handvoll Frühlingsblüten
1 Esslöffel Kristallzucker
Staubzucker zum Bestreuen
Minze zum Garnieren

EINFACH
Zubereitungszeit: 30 Minuten

Eier trennen. Vanilleschote der Lange nach aufschneiden und das Mark herauskratzen. Dotter mit Staubzucker, Prise Salz, Zitronenschale sowie Rum – am besten mit dem Handrührgerät – schaumig rühren. Sauerrahm nach und nach unterrühren. Eiklar zu steifem Schnee schlagen und abwechselnd mit dem Mehl unter die Rahmmasse heben. Butter in einer beschichteten Pfanne (ohne Kunststoffgriff) schmelzen, Masse einfüllen und bei geringer Hitze etwa 3 Minuten anbacken. Im vorgeheizten Rohr bei 170 °C etwa 20 Minuten hellbraun backen. Frühlingsblüten grob hacken. Pfanne herausheben, den Teig mit zwei Essgabeln in Stücke teilen, mit Kristallzucker sowie Frühlingsblüten bestreuen und am Herd bei geringer Hitze unter Wenden karamellisieren. Mit Staubzucker und Minze garniert anrichten.

Anmerkung: „Man rührt so viele Dotter, als Personen bei Tische sind mit ebensoviel Esslöffel Zucker und Rahm, gibt die Klar als Schnee und halb so viel Löffel Mehl dazu – ohne Spompanadeln!“, sagte meine Oma immer.

Herzkirschenkompott

Zutaten für 4 Portionen
30 dag Kirschen
2 dl Rotwein
7 dag Erdbeermark
2–3 Esslöffel Kristallzucker
Mark von 1 Vanilleschote
1 Zimtstange
1 Nelke
1 Kaffeelöffel Vanillepuddingpulver
Saft von 1 Orange
2 cl Kirschwasser

Kirschen waschen, entstielen, entkernen (Saft auffangen). Rotwein mit Erdbeermark, Zucker, Vanillemark und -schote, Zimt, Nelke, ausgetretenen Kirschensaft etwa 5 Minuten kochen. Vanillepuddingpulver mit Orangensaft glatt rühren und den Fond damit binden. Kirschen beifügen, darin ziehen lassen. Mit Kirschwasser abschmecken und abkühlen lassen.

Hier landet der Strudel zur Abwechslung im Kochtopf:

Gekochter Topfen-Griessstrudel

Zutaten für 4 Portionen
4 Strudelteigblätter
Topfen-Grießfüllung:
5 dag Rosinen
1/16 l Rum
4 dag Butter
5 dag Staubzucker
2 Eier
Schale von 1 Zitrone (unbehandelt), abgerieben
Mark von 1 Vanilleschote, Vanilleschote für Kochwasser aufheben
Prise Salz
10 dag Weizengrieß
20 cl Sauerrahm
6 dag Topfen
8 dag flüssige Butter
1 Ei
Butterbrösel:
15 dag Butter
10 dag Semmelbrösel oder Briochebrösel
1 Kaffeelöffel Kristallzucker
1/2 Packung Vanillezucker
Prise Zimt
Staubzucker zum Bestreuen

AUFWÄNDIG
Zubereitungszeit: 40 Minuten (plus Rastzeit)

Füllung: Rosinen in Rum zugedeckt marinieren. Weiche Butter mit Staubzucker schaumig rühren. Eier trennen. Dotter nach und nach unter den Abtrieb rühren. Zitronenschale, Vanillemark, Prise Salz dazugeben. Sauerrahm mit Grieß und Topfen vermengen und mit den gut abgetropften Rosinen unterrühren; mindestens 1 Stunde quellen lassen.
Eiklar mit Prise Salz zu steifem Schnee schlagen und unter die Grießmasse heben. Flüssige Butter mit Ei – am besten mit dem Stabmixer – aufschlagen. Strudelblatt auf ein feuchtes Tuch breiten, mit Ei-Butter bestreichen. Ein Viertel der Topfen-Grießmasse im unteren Drittel etwa 10 cm breit und daumendick hoch auftragen. Strudel mit Hilfe des Tuches einrollen. Mit einem bemehlten Kochlöffel Portionen abdrücken, mit einem Messer durchschneiden. Enden gut zusammendrücken. Wasser mit wenig Salz, etwas Rum, Vanillezucker, Vanilleschote aufkochen, Strudelpäckchen einlegen und bei geringer Hitze unter Wenden etwa 15 Minuten ziehen lassen.
Butter in einer Pfanne erhitzen, Bröseln, Zucker und Vanillezucker beifügen und unter Rühren hellbraun rösten. Prise Zimt beifügen, kurz durchrühren und Butterbröseln von der Hitze nehmen.
Strudelstücke behutsam mit einem Lochschöpfer aus dem Wasser heben, gut abtropfen lassen, in den Bröseln wenden. Mit Staubzucker bestreut anrichten und mit Kompott oder Obströster servieren.
Anmerkung: Ich koche den Strudel in aromatisiertem Wasser, meine Omi hat ihn immer in Milch gekocht.

Von den Liwanzen gibt es viele Variationen, hier eine typisch böhmische:

Erdäpfel-Liwanzen mit Topfenmilch

Zutaten für 4 Portionen (als Hauptspeise)
4 Semmeln
1/8 l Milch
1/8 l Schlagobers
80 dag mehlige Erdäpfel
3 dag Germ
2 EL Sauerrahm
4 Eier
4 dag Kristallzucker
10 dag Mehl (griffig)
Prise Salz
Butter zum Ausbacken
5 dag Biskotten- oder Lebkuchenbröseln
Staubzucker zum Bestreuen
Topfenmilch:
1 Vanilleschote
1/4 l Milch
2 EL Topfen
3 EL Kristallzucker

AUFWÄNDIG
Zubereitungszeit: 45 Minuten (plus Rastzeit)

Semmeln entrinden, klein würfelig schneiden. Milch mit Obers verquirlen, über die Semmelwürfel gießen, etwa 10 Minuten ziehen lassen und pürieren.
Rohe Erdäpfel schälen, fein raffeln und mit dem Semmelpüree vermengen. Eier trennen. Dotter mit Kristallzucker schaumig rühren. Germ in lauwarmem Sauerrahm auflösen und mit dem Dotterabtrieb unter die Erdäpfelmasse rühren. Mehl behutsam unterheben und den Teig etwa 20 Minuten an einem warmen Ort gehen lassen.
Eiklar mit einer Prise Salz zu steifem Schnee schlagen und unterheben.
Fett in einer Dalken- oder Spiegeleierpfanne erhitzen, Teig mit einem Esslöffel portionsweise in die Vertiefungen einlegen und bei geringer Hitze beidseitig ausbacken.
Topfenmilch: Vanilleschote der Länge nach aufschneiden und das Vanillemark auskratzen. Milch mit Topfen, Zucker, Vanilleschote und -mark einmal aufkochen, von der Hitze nehmen, Vanilleschote entfernen.
Die gebackenen Liwanzen kurz in die heiße Topfenmilch tauchen und mit Staubzucker und Biskotten- oder Lebkuchenbröseln bestreut anrichten. Dazu passt Zwetschkenkompott.

KÄSE

WENN DIE MILCH ERWACHSEN WIRD ...

Käse, ein paar Nüsse, ein frisches Brot, dazu ein Glas Wein – welch ein Genuss! Käse als vorletzter Gang in einem Menü vor dem Dessert – einfach köstlich.

Als Kind mochte ich Käse nicht besonders, diesen eigenwilligen, würzigen Geschmack, und vor Quargel oder Schimmelkäse nahm ich regelrecht Reißaus. Ich glaube, so wie der Käse reift, muss man auch zum Käsegenießer reifen. Vielleicht ging es den Genießern früherer Zeiten genauso – Käse war ja ein Produkt des Verderbs – aber seine Entstehung ist eine wahrhaft glückliche Fügung:

Über das Wie und Wann Käse erfunden wurde können nur Vermutungen angestellt werden. Eines ist sicher: Er wurde durch Zufall entdeckt, und zwar zur Zeit, als die Menschen sesshaft wurden und anfingen, Vieh zu domestizieren. Als in der warmen Höhle sich die Milch in den Tontöpfen neben dem Feuer veränderte – sie wurde sauer und dicklich –, machte das unsere Vorfahren neugierig. Sie kosteten und stellten fest, dass auch dieses bröckelige, verdächtig riechende Produkt genießbar war – so entstand durch Wärme und Milchsäurebakterien der erste Sauermilchkäse.

Auch der Labkäse ist durch Zufall entstanden: Hirten transportierten die Milch in getrockneten Schafsmägen. Darin befanden sich noch Reste von Labenzym. Durch Sonneneinstrahlung und durch das Durchschütteln während der Wanderschaft enstand eine wässrige Flüssigkeit, die Molke, und ein dicklicher Klumpen, der so genannte Käsebruch. Der erste Labkäse – auch Süßmilchkäse genannt – war entstanden.

Im alten Ägypten war Käse Bestandteil des Reiseproviants der Pharaonen. Und die alten Römer hatten sogar eine „Käseküche“, wo Käse geräuchert oder mit Wein und Honig für längere Zeit haltbar gemacht wurde.

Im frühen Mittelalter beauftragte Karl der Große Klöster, die Käseproduktion weiterzuentwickeln. Der Klerus konnte meistens schreiben, und so konnten viele Rezepte zur Herstellung von Käse festgehalten werden. Außerdem waren die Mönche sehr daran interessiert, für die vielen Fasttage schmackhaftes Essen zu haben, das den strengen Regeln nicht widersprach. Klosterkäse, Prälatenkäse, Chorherren- und Trappistenkäse weisen auf den klösterlichen Ursprung hin. Und Wein war in den Fastenregeln der Kirche niemals verboten. Da wären wir wieder bei Käse, ein paar Nüssen und einem Glas Wein.

SORTEN: Wie viele Käsesorten es gibt? Ich glaube, das weiß niemand, deswegen nur zur Orientierung eine grobe Käseeinteilung:
Frischkäse: benötigen keine Reifezeit, wie etwa Topfen, Mozzarella oder Ziegenfrischkäse.
Weichkäse: Wenige Wochen gereifte Käse werden mit Schimmelkulturen besprüht, der Käse reift von der Rinde zur Mitte hin. „L'âme", die Seele bleibt, z.B. Brie oder Camembert.
Schnittkäse: Gouda, Tilsiter …
Hartkäse: Bergkäse oder Emmentaler, vorwiegend aus Rohmilch, haben eine durchschnittliche Reifezeit von 3–6 Monaten.
Sauermilchkäse: Wenig Fett – viel Geschmack sind die Attribute von Quargel, Glundner oder Schmelzkäse.

LAGERUNG: Ideal ist Kellertemperatur, 10–12 °C. Manche Kühlschränke sind mit einer „Kellerzone" ausgestattet, hier fühlt sich Käse wohl. Ansonsten wählt man dafür Gemüsefach bzw. den wärmsten Platz im Kühlschrank. Käse fernhalten von unerwünschten Gerüchen! Jede Käsesorte sollte gesondert verpackt sein. Beste Verpackung für Käse ist das Papier, in das er beim Einkauf gewickelt wurde. Auch Frischhaltefolie kann verwendet werden. Käse braucht Luft! Unter mehrtägigem Luftabschluss „erstickt" er und beginnt zu schimmeln. Käse atmet über die Rinde, Käse mit Rinde sollten deshalb nur an den Schnittflächen mit Folie abgedeckt werden.

VERWENDUNGSTIPP: Käse zum Kochen sollte – wenn er schmelzen soll – mindestens 45 % F. i. T. aufweisen, denn ob sich ein Käse gleichmäßig auflöst, ob er Fäden zieht oder eine zarte Kruste bildet oder zur Gummimatte wird, hängt vom Wassergehalt und seiner Relation zur Trockenmasse ab. Magere Käse werden beim Schmelzen zäh und bleiben auch geschmacklich einiges schuldig.
Emmentaler und Bergkäse sind ideal für Aufläufe und Gratins, auch zum Überbacken, da sie sehr würzig und kräftig im Geschmack sind.
Blauschimmelkäse eignen sich zerkleinert oder geraffelt für Suppen, Aufläufe, Schmarren, Saucen; die Würzkraft intensiviert sich in warmen Gerichten.
Parmesan bildet schon in geringen Mengen eine würzige Kruste, zieht keine Fäden, ideal zum Gratinieren.
Käse kann man als Hauptbestandteil eines Gerichts, als Gewürz, zum Überbacken, zum Füllen, in Saucen, zu Erdäpfeln, zu Gemüse und Obst verwenden.
Doch immer ist eines zu beachten: die Harmonie zu den anderen verwendeten Zutaten, etwa zu Fischfilet einen milden Käse, einen würzigen, kräftigen Käse für Aufläufe. Bei jeder Komposition sollte jede Zutat ihren Eigengeschmack behalten.

Käse und Erdäpfel, zwei die sich mögen und aus schlichten Freuden große Ereignisse machen:

Käse-Erdäpfel

Zutaten für 4 Portionen
1 kg kleine festkochende Erdäpfel
Salz
20 dag Gouda
20 dag Gruyère oder Moosbacher
12 dag Mozzarella
1 Knoblauchzehe
15 dag Crème fraîche
Pfeffer aus der Mühle
1/2 Bund Petersilie
1 Bund Kerbel
2 Esslöffel Schnittlauch, geschnitten

EINFACH
Zubereitungszeit: 30 Minuten

Erdäpfel in Salzwasser 15–20 Minuten kochen. Inzwischen Gouda und Gruyère grob raffeln, Mozzarella in feine Würfel schneiden. Knoblauch schälen und fein hacken.
Crème fraîche mit Salz, Pfeffer, Knoblauch würzen. Petersilie sowie Kerbel von den Stielen zupfen. Erdäpfel abseihen, kurz ausdämpfen lassen, schälen, salzen und pfeffern.
Erdäpfel abwechselnd mit Käse, Kräutern sowie Crème fraîche in eine vorgewärmte Schüssel schichten, kurz vermengen und sofort servieren.

Grüner Schimmel und blaue Wunder …

Käsetorte

Zutaten für 10 Stück
Mürbteig:
1 Knoblauchzehe
20 dag Mehl (glatt)
Salz
13 dag Butter
1 Ei
Mehl zum Ausarbeiten
Füllung:
30 dag Blauschimmelkäse
4 Eier
1/4 l Schlagobers
20 dag Gervais

EINFACH
Zubereitungszeit: 1 Stunde (plus Rastzeit)

Teig: Knoblauch schälen und fein hacken. Mehl mit Prise Salz und Knoblauch vermengen. Kalte Butter in Würfel schneiden, mit Ei zum Mehl geben und rasch verkneten. Teig auf einer bemehlten Arbeitsfläche zu einer Kugel formen und in Frischhaltefolie gewickelt etwa 30 Minuten kühl stellen.
Teig auf einer bemehlten Arbeitsfläche zu einer Scheibe (30 cm Durchmesser) ausrollen und in eine Springform (26 cm Durchmesser) einlegen. Teigboden im vorgeheizten Rohr bei 200 °C etwa 10 Minuten vorbacken.
Füllung: Blauschimmelkäse grob raffeln. Eier mit Schlagobers verquirlen, Blauschimmelkäse sowie Gervais zugeben. Füllung auf dem Teigboden verteilen und die Torte bei 180 °C etwa 45 Minuten backen. Aus dem Rohr nehmen und vor dem Anschneiden etwa 5 Minuten rasten lassen.

Das Glück ist ein Käsekrapfen!

Gebackene Käsemäuse

Zutaten für 4 Portionen
1/4 l Milch
8 dag Butter
Salz
Pfeffer aus der Mühle
Muskat
15 dag Mehl (glatt)
4 Eier
2 Esslöffel Mandelsplitter
10 dag würziger Schnittkäse, frisch gerieben
Fett zum Ausbacken

EINFACH
Zubereitungszeit: 40 Minuten

Milch mit Butter, Prise Salz, Pfeffer sowie Muskat aufkochen. Mehl einrühren und so lange unter ständigem Rühren rösten, bis sich der Teig vom Topfboden löst; von der Hitze nehmen und etwa abkühlen lassen. Eier verquirlen und nach und nach einrühren. Mandelsplitter in einer beschichteten Pfanne ohne Fett hellbraun rösten, bis sie zu duften beginnen. Käse und Mandeln unter den Brandteig mengen und mit Salz sowie Pfeffer würzen.
Aus der Masse mit Hilfe von zwei Esslöffeln Nockerln stechen und in heißem Fett schwimmend knusprig backen. Hinweis: Die Krapfen gehen dabei schön auf.
Käsemäuse auf Küchenkrepp gut abtropfen lassen und zu Wein servieren. Auch eine Kräutersauce passt gut dazu:
Kräutersauce: 1/4 l Sauerrahm mit 2 Esslöffeln Kräutern (gehackt) der Saison verrühren und mit Salz sowie Pfeffer und etwas Zitronensaft würzen.

Zum Dahinschmelzen …

Knusprige Ziegenkäse-Palatschinken

Zutaten für 4 Portionen
Palatschinkenteig:
Zutaten für etwa 8 Stück:
1/4 l Milch
3 Eier
10 dag Mehl (glatt)
3–4 Esslöffel flüssige Butter
Schale von 1/2 Zitrone (unbehandelt), abgerieben
1 Packung Vanillezucker
Prise Salz
Butter zum Ausbacken
Fülle:
Mark von 1 Vanilleschote
1 Orange
20 dag Ziegenfrischkäse
4 Esslöffel geschlagenes Schlagobers
3 Esslöffel Staubzucker

MITTEL
Zubereitungszeit: 40 Minuten

Milch mit Eiern gut verrühren, Mehl nach und nach unterrühren, Zitronenschale, Vanillezucker, Prise Salz beifügen und zu einem glatten Teig verarbeiten. Flüssige Butter unterrühren. Teig etwa 30 Minuten rasten lassen.
Fülle: Von der Orange die Schale abreiben, Orange schälen und filetieren. Ziegenfrischkäse mit 1 Esslöffel Zucker und Vanillemark vermengen, Schlagobers sowie die Orangenfilets unterheben.
In einer Pfanne Butter erhitzen und Palatschinken backen. Fülle auf den Palatschinken verteilen, einrollen. Auf hitzebeständige Teller geben, dick mit restlichem Zucker bestreuen und unter starker Oberhitze oder unter dem Grill überbacken, bis der Zucker karamellisiert. Sofort servieren.

Topfenhaluschka – ein fast vergessenes Gericht.

Topfenhaluschka

Zutaten für 4 Portionen
Nudelteig:
25 dag Mehl (griffig)
4 Dotter
1 Ei
1/2 Kaffeelöffel Salz
Mehl (griffig) zum Ausarbeiten oder
30 dag fertig gekaufte Bandnudeln
Salz
15 dag Bauchspeck, würfelig geschnitten
1–2 Esslöffel Butter
25 dag Bröseltopfen
1/2 Kaffeelöffel Paprikapulver (edelsüß)
Pfeffer aus der Mühle
1/8 l Sauerrahm
2 Esslöffel Schnittlauch, geschnitten, zum Bestreuen

EINFACH
Zubereitungszeit: 40 Minuten (plus Rastzeit)

Mehl mit Dottern, Ei sowie Salz in einer Schüssel vermengen und alles – am besten mit den Knethaken des Handrührgerätes – zu einem glatten Teig verkneten.
Teig auf einer leicht bemehlten Arbeitsfläche mit den Händen etwa 3 Minuten durchkneten, Teig zu einer Kugel formen und in Frischhaltefolie gewickelt etwa 1 Stunde rasten lassen.
Anschließend den Teig vierteln und jedes Teigstück nochmals gut durchkneten. Teigstücke möglichst dünn – etwa 1 mm dick – auswalken oder mit der Nudelmaschine dünn ausrollen. Teigbahnen mit etwas Mehl bestäuben und 10 Minuten rasten lassen. Teigbahnen in nicht zu kleine Fleckerln schneiden.
Speck in einer Pfanne bei großer Hitze auslassen, herausnehmen und diese so entstandenen Speckgrammeln auf Küchenkrepp gut abtropfen lassen. Das so gewonnene Fett wird für das Anbraten der Fleckerln verwendet.
Fleckerln oder Bandnudeln in reichlich kochendem Salzwasser kernweich kochen, abseihen, abtropfen lassen. Butter im Grammelfett zerlassen, Fleckerln darin durchschwenken, Bröseltopfen unterrühren, mit Paprikapulver, Salz und Pfeffer würzen.
Fleckerln mit jeweils 1 Löffel Sauerrahm, Grammeln und Schnittlauch bestreut servieren.
Dazu gab es immer eingelegte grüne Paradeiser …
Hinweis: Fertigfleckerln sind für Topfenhaluschka nicht so geeignet, deswegen empfehle ich breite Bandnudeln.

Was aus einem simplen Rösti alles werden kann …

Erdäpfelrösti mit Birne und Blauschimmelkäse

Zutaten für 4 Portionen
75 dag Erdäpfel, am Vortag gekocht
Salz
Pfeffer aus der Mühle
Muskat
15 dag Blauschimmelkäse
2 Birnen (Williamsbirnen)
6 dag Butter
4 Esslöffel Öl
1/16 l Süßwein (Beerenauslese)

EINFACH, RAFFINIERT
Zubereitungszeit: 40 Minuten

Erdäpfel schälen und grob raffeln, mit Salz, Pfeffer sowie Muskat würzen. Käse in etwa 3 mm dicke Scheiben schneiden. In einer beschichteten Pfanne 2 dag Butter mit 2 Esslöffeln Öl erhitzen. Erdäpfelraspel einlegen, flach drücken und bei mittlerer Hitze etwa 10–12 Minuten hellbraun backen. Rösti auf einen Teller gleiten lassen. Restliches Öl und 2 dag Butter in der Pfanne erhitzen, Rösti umgedreht mit der rohen Seite vom Deckel in die Pfanne gleiten lassen und 10 Minuten bei mittlerer Hitze knusprig fertig backen.
Inzwischen Birnen schälen, vierteln, entkernen, Viertel jeweils in 3 Spalten schneiden und in restlicher Butter kurz durchschwenken, mit Süßwein aufgießen, aufkochen lassen; von der Hitze nehmen.
Rösti mit Birnenspalten sowie Käsescheiben belegen und im vorgeheizten Rohr bei starker Oberhitze oder unter dem Grill 1–2 Minuten überbacken, bis der Käse geschmolzen ist. Erdäpfelrösti sofort servieren

MOHN

BERAUSCHENDER ZAUBER

Waldviertel. Frühsommer: Die Felder wiegen sich in allen Schattierungen von weiß über rosa bis purpurrot – der Mohn hat wieder Farbe ins Land gebracht. Als ich dieses Farbenspiel das erste Mal sah, dachte ich: „Man müsste vier Augen haben, um diese Pracht festhalten zu können." Einige Wochen später sind die Blütenblätter verweht, wie auf Befehl neigen die Mohnpflanzen ihre kahlen Köpfchen zur Seite. Die Kapseln mit den frei liegenden Körnern werden zu Rasseln, sobald der Wind über die Felder streicht … die Zeit der Mohnernte ist gekommen.

Mohn – der Hauch des Geheimnisvollen umgibt auch heute noch diese Pflanze. Den alten Ägyptern galt sie als Heilmittel. Für die Griechen war die Mohnkapsel das Attribut des Morpheus, des Gottes des Schlafs. Griechen und Römer maßen der Pflanze hohe Bedeutung bei: Mohn war nicht nur Sinnbild des Schlafes und der Träume, sondern auch Fruchtbarkeitssymbol. Und die „Tränen des Mohns" wurden über Jahrtausende in vielen großen Kulturen als himmlische Droge verehrt – ein Geschenk der Götter, das allerdings nicht nur zur Schmerzbekämpfung eingesetzt, sondern von jeher auch kräftig missbraucht wurde.

Glücklicherweise wurde der österreichische Mohn nie als Rauschmittel benützt, in unseren Breiten beschränkte man sich auf den „Mohnzuzel", mit dem man – zugegebenermaßen umstritten – unruhige Kinder in das Land der Träume hineindämmern ließ, damit die Eltern auf dem Feld in Ruhe arbeiten konnten.

Mohnanbau hat im Waldviertel eine lange Tradition. Die erste Erwähnung des Mohns geht auf das 13. Jahrhundert zurück. Er wurde von Mönchen angebaut, das Öl zum Nähren des Ewigen Lichtes verwendet. Und irgendwann flogen die kleinen schwarzen Samen über die Stiftsgemäuer auf den steinigen Boden des Waldviertels. Bald stieß er bei der Bauernschaft auf große Beliebtheit, wie die weit verbreiteten Namen wie Mohnhaupt oder Magenschab verkünden. Die Einheimischen sagen nämlich zum Mohn schlicht „Magn". Bis 1934 notierte der „Zwettler Graumohn" sogar an der Londoner Börse! Er war dem ausländischen Blaumohn durch seinen hohen Anteil an ungesättigten Fettsäuren weit überlegen und wurde wegen seiner Qualität sehr geschätzt.

Importe aus dem Nahen Osten und den osteuropäischen Ländern brachten den Waldviertler Mohnanbau zum Erliegen. Erst durch Aktivitäten des Vereins zur Förderung von Sonderkulturen wurde er wieder aufgenommen und man besinnt sich des Werts alter Qualitäten. Die Mohnfelder dürfen wieder blühen …

SORTEN: Mohn gibt es in drei Sorten: Weiß-, Grau- und Blaumohn. Zum Backen hat sich der Graumohn mit seinem runden, vollen Aroma durchgesetzt. Blaumohn hat einen sehr intensiven Mohngeschmack, seine leichte Schärfe kann für sensible Gaumen bereits zu streng wirken. Den „Blauen" findet man auf Mohnweckerln, er kann aber natürlich auch für Mehlspeisen verwendet werden.
Mein Favorit ist der leider beinahe in Vergessenheit geratene Weißmohn, der nicht nur optisch aus der Reihe tanzt. Er hat einen zarten nussigen, milden Geschmack.

EINKAUF: Mohn sollte man ungemahlen kaufen, er sollte gequetscht bzw. gestoßen oder in speziellen Mohnmühlen gemahlen werden, die die winzigen Samenkörner fein zerdrücken.

LAGERUNG: Da Mohn einen hohen Fettanteil hat, sollte er gemahlen möglichst rasch verbraucht werden, damit er nicht ranzig wird. Wenn man ihn schon aufbewahren muss, dann nur im Kühlschrank oder sogar im Tiefkühlschrank.

VERARBEITUNG: Phantasievolle Waldviertler Bauern haben ganz ohne Bohrung eine ergiebige Ölquelle angezapft: das ebenso feine wie gesunde Mohnöl. Das kalt gepresste, nicht filtrierte und nicht raffinierte Mohnöl kommt ohne chemische Zusätze aus. Früher verwendete man es zum Backen und Kochen. Ich schätze besonders das zarte, nussige Weißmohnöl, das eine hervorragende Zutat zu Spargelgerichten ist, aber auch das milde Graumohnöl, welches exzellent zu Karotten oder etwa Pilzen passt. Blaumohnöl ist sehr geschmacksintensiv und ist eine aparte Marinadenkomponente für Schaf- und Ziegenkäse aus dem Waldviertel. Mohnöl – gerne als Olivenöl des Nordens bezeichnet – hat einen hohen Anteil an ungesättigten Fettsäuren, Linolsäure und Vitamin E.
Und sollte man zu viel des Guten erwischt haben, hilft dagegen auf jeden Fall ein Stamperl Mohnkornschnaps, eine Spezialität aus dem südlichen Waldviertel, liebevoll „flüssiger Mohnstrudel" genannt.

Mohnzauber in der Suppe …

Weissmohnsuppe mit Äpfeln

Zutaten für 4 Portionen
4 Schalotten, klein würfelig geschnitten
2 kleine Äpfel (Cox Orange), klein würfelig geschnitten
1 Esslöffel Zitronensaft
1 Esslöffel Butter
1 Esslöffel Kristallzucker
8 dag Weißmohn, gemahlen
1/4 l Apfelmost
3/4 l Geflügelbouillon
1/8 l Schlagobers
Salz
Pfeffer aus der Mühle
Muskat
Einlage:
1 Apfel (Cox Orange), geschält, in Spalten
2 Esslöffel Butter
2 Esslöffel Weißmohn, gemahlen

EINFACH
Zubereitungszeit: 45 Minuten

Äpfel mit Zitronensaft beträufeln. Schalotten und Äpfel in zerlassener Butter glasig anrösten, Zucker und Mohn einrühren, kurz mitrösten, mit Most aufgießen, etwas einkochen lassen. Bouillon und Obers dazugießen und die Suppe bei geringer Hitze etwa 20 Minuten kochen lassen. Suppe mit einem Stabmixer pürieren, durch ein Sieb streichen und mit Salz, Pfeffer sowie Muskat abschmecken.
Einlage: Butter aufschäumen lassen, Apfelspalten darin beidseitig bissfest braten, Mohn einstreuen, Äpfel darin wenden.
Weißmohnsuppe mit Mohnäpfeln in tiefen Tellern anrichten.

Die Vitalität eines Mohnkörnchens ist erstaunlich. Eine Pflanze mit bis zu 30 (!) Kapseln kann aus ihm entstehen! In einem einzigen Stück Mohntorte steckt also ein ganzes Feld …

Marmorierte Mohntorte

Zutaten für 12 Stück
6 Eier
18 dag Butter
9 dag Staubzucker
1 Kaffeelöffel Vanillezucker
Prise Salz
1 Prise Zimt
Schale von 1 Zitrone (unbehandelt), abgerieben
9 dag Kristallzucker
9 dag Graumohn, gemahlen
9 dag Weißmohn, gemahlen
18 dag Mandeln, gerieben
Butter und Mandeln (gerieben) für die Form
Staubzucker zum Bestreuen

EINFACH
Zubereitungszeit: 1 Stunde 20 Minuten

Eier trennen. Butter mit Staubzucker, Vanillezucker, Prise Salz, Zimt, Zitronenschale – am besten mit dem Handrührgerät – etwa 5 Minuten schaumig rühren. Dotter nach und nach unterrühren. Eiklar mit Kristallzucker zu steifem Schnee schlagen und unterheben. Masse halbieren. Jeweils 9 dag Mandeln mit den beiden Mohnsorten vermengen und behutsam mit einem Kochlöffel in die beiden Massen unterheben.
Massen abwechselnd in eine bebutterte, mit Mandeln ausgestreute Springform (26 cm Durchmesser) füllen, glatt streichen und im vorgeheizten Rohr bei 160 °C etwa 60 Minuten backen.
Torte in der Form auskühlen lassen, aus der Form lösen und mit Staubzucker bestreut anrichten.
Hinweis: Natürlich kann man die Torte auch mit nur einer Mohnsorte zubereiten.

Die salzige Mohn-Tradition soll ja aus dem fernen Osten stammen. Als Marco Polo im Mittelalter das Reich der Mitte besuchte, wurden ihm dort Nudeln mit Mohn serviert …

Bandnudeln „Marco Polo“

Zutaten für 4 Portionen
2 Knoblauchzehen
2 Bund Frühlingszwiebeln
40 dag reife Paradeiser
3 Esslöffel Olivenöl
2 Esslöffel Zucker
1 kleine Dose geschälte Paradeiser
1 Esslöffel Paradeisermark
150 ml Gemüsebouillon (Würfelsuppe)
40 dag breite Bandnudeln
Salz
2 Esslöffel Mohn, gemahlen
1 Esslöffel Petersilie, gehackt
Saft und abgeriebene Schale von 1 Zitrone (unbehandelt)
Pfeffer aus der Mühle
20 dag Ricotta

EINFACH
Zubereitungszeit: 40 Minuten

Knoblauch schälen und fein hacken. Frühlingszwiebeln putzen, waschen und das Weiße und Hellgrüne in Ringe schneiden. Paradeiser waschen, Stielansatz entfernen, Paradeiser kurz blanchieren, schälen und das Fruchtfleisch in Würfel schneiden. Öl in einem Topf erhitzen, Knoblauch darin anrösten, Frühlingszwiebeln, Paradeiser, Zucker dazugeben und 3–4 Minuten mitrösten. Dosenparadeiser samt Saft, Paradeisermark und Gemüsebouillon dazugeben und bei geringer Hitze etwa 15 Minuten kochen lassen.
Inzwischen Nudeln in reichlich Salzwasser bissfest kochen. Mohn in einer Pfanne ohne Fett etwa 2–3 Minuten rösten. Petersilie, Zitronensaft und -schale, Mohn, Ricotta zu den Paradeisern geben und kurz erwärmen. Mit Salz sowie Pfeffer abschmecken. Nudeln abseihen, abtropfen lassen und unterheben; sofort servieren.

Eine traditionelle Waldviertler Fastenspeise:

Süsse Mohnnudeln (aus Brandteig)

Zutaten für 4 Portionen
1/4 l Milch
2 dag Butter
1 Kaffeelöffel Rum
Prise Salz
15 dag Mehl (glatt)
2 Dotter
Mehl (griffig) zum Ausarbeiten
5 dag Butter
8 dag Mohn, gemahlen
4 dag Honig, zum Beträufeln
Staubzucker zum Bestreuen

MITTEL
Zubereitungszeit: 40 Minuten

Milch mit Butter, Zucker, Rum und Salz aufkochen. Mehl einrühren und bei geringer Hitze so lange rühren, bis sich der Teig vom Kochtopfboden löst. Teig in eine Schüssel füllen; etwas überkühlen lassen. Dotter nach und nach unterrühren.
Teig in einen Spritzsack mit glatter Tülle füllen und etwa 4 cm lange Stücke direkt in kochendes Salzwasser spritzen. Mit einem Messer die Stücke abschneiden.
Nudeln bei geringer Hitze etwa 4 Minuten ziehen lassen. Hinweis: Sie sind gar, wenn sie an die Oberfläche steigen.
Nudeln mit einem Lochschöpfer aus dem Wasser heben und gut abtropfen lassen.
Butter in einer Pfanne aufschäumen, Nudeln dazugeben, mit Mohn bestreuen und durchschwenken. Nudeln anrichten, mit flüssigem Honig beträufeln und mit reichlich Staubzucker bestreut servieren.
Anmerkung: Die „echten" Mohnnudeln wurden nicht aus Erdäpfelteig, sondern aus einem dem Brandteig ähnlichen Teig mit Roggenmehl zubereitet und meist auch ungesüßt gegessen. Als Beilage gab es oft – wie etwa bis 1900 in Litschau üblich – Sauerkraut.

Freitag war bei meiner Oma immer Mehlspeistag, der Tag für süße Hausmannskost …

Mohnbuchtel

Zutaten für 12 Portionen
10 dag Mohn
5 dag Kristallzucker
3 dag Butter
1/8 l Milch
Prise Zimt
Schale von 1 Zitrone (unbehandelt), abgerieben
4 dag Rosinen
1 Esslöffel Honig
1 Esslöffel Rum
Teig:
1 dag Germ
1 cl Milch
3 Dotter
1 Esslöffel Kristallzucker
1/4 l Sauerrahm
Prise Salz
6 dag Butter
30 dag Mehl (glatt)
Mehl zum Ausarbeiten
Butter für die Form
Überguss:
1/8 l Milch
3 dag Butter
1 Esslöffel Kristallzucker
1 Kaffeelöffel Vanillezucker

AUFWÄNDIG
Zubereitungszeit: 1 Stunde 15 Minuten (plus Rastzeit)

Mohn mit Zucker in zerlassener Butter anrösten. Mit heißer Milch aufgießen, Zimt, Zitronenschale, Rosinen und Honig beifügen, gut verrühren und von der Hitze nehmen. Rum einrühren und die Masse etwa 30 Minuten ziehen lassen.
Teig: Germ zerbröseln und in lauwarmer Milch auflösen. Dotter mit Zucker, Sauerrahm, Prise Salz und der aufgelösten Germ gut verrühren. Zugedeckt an einem warmen Ort etwa 30 Minuten „gehen" lassen.
Zimmerwarme Butter schaumig rühren und die Rahm-Germmasse unter beständigem Rühren untermengen. Mehl – am besten mit dem Knethaken des Handrührgerätes – nach und nach dazurühren und zu einem geschmeidigen Teig verkneten.
Teig auf einem bemehlten Strudeltuch mit einem Nudelwalker etwa 1 cm dick ausrollen. Mohnfüllung darauf verteilen. Mit Hilfe des Tuches zusammenrollen und in eine befettete Form füllen. Die Buchtel zugedeckt etwa 20 Minuten gehen lassen.
Überguss: Milch mit Butter, Zucker und Vanillezucker erwärmen und über die Buchtel gießen.Im vorgeheizten Rohr bei 150 °C etwa 40 Minuten backen. Hinweis: Die Flüssigkeit muss vollkommen aufgesogen sein!
Buchtel aus dem Rohr nehmen, in Stücke schneiden und mit Vanillesauce servieren.

Meiner Meinung nach ein geniales Zusammenspiel:

Überbackener Mohn-Marillenstrudel

Zutaten für 8 Portionen
10 dag Kipferl oder Striezel, entrindet, vom Vortag
1/16 l Milch
75 dag Marillen
2 Esslöffel Marillenlikör
14 dag Butter
8 dag Staubzucker
Schale von 1 Zitrone (unbehandelt), abgerieben
Prise Salz
Messerspitze Zimt
7 Eier
7 dag Kristallzucker
14 dag Mohn, gemahlen
5 dag Semmelbrösel
4 Strudelblätter (tiefgekühlt)
3 Esslöffel zerlassene Butter
Kanarimilch:
1/8 l Milch
1/8 l Schlagobers
3 Eier
Mark von 1 Vanilleschote
Butter für die Form
Staubzucker zum Bestreuen

AUFWÄNDIG
Zubereitungszeit: 1 Stunde 30 Minuten

Striezel in kleine Würfel schneiden, mit Milch beträufeln und ziehen lassen.
Marillen waschen, halbieren, entkernen und in Spalten schneiden; mit Marillenlikör beträufeln und darin marinieren.
Weiche Butter mit Staubzucker, Zitronenschale, Prise Salz, Zimt schaumig rühren. Eier trennen. Dotter nach und nach in den Butterabtrieb geben und cremig rühren. Striezel ausdrücken und unterrühren. Marillen abtropfen lassen und untermengen. Eiklar mit Kristallzucker zu steifem Schnee schlagen und abwechselnd mit Mohn und Bröseln unterheben.
Ein aufgetautes Strudelblatt auf ein Küchentuch legen, mit flüssiger Butter bestreichen, mit einem zweiten Strudelblatt belegen, dieses ebenfalls mit Butter bestreichen.
Die halbe Menge der Füllung im unteren Drittel verteilen. Seitenlängen einschlagen und den Strudel mit Hilfe des Strudeltuches eng einrollen. Aus der restlichen Füllung einen zweiten Strudel zubereiten. Strudel in eine befettete Bratwanne legen und mit restlicher zerlassener Butter bestreichen. Mohn-Marillenstrudel im vorgeheizten Rohr bei 170 °C etwa 1 Stunde backen. Nach etwa 20 Minuten mit der Kanarimilch nach und nach übergießen.
Kanarimilch: Alle Zutaten miteinander gut verquirlen und den Strudel damit übergießen. Strudel aus dem Rohr nehmen, in Stücke teilen und noch lauwarm anrichten.
Vanille-Rahm passt herrlich dazu (s. S. 28).

MOST

SOLLST LEBEN!

Frühling im Mostviertel: Unter einem summenden Blütenhimmel bin ich lange geradelt, dann kehrte ich in eine der Mostschenken ein, ein großer Laib Brot und Geselchtes wurden aufgetischt, dazu ein Krug mit kellerkaltem Most, köstlich kühl und leicht. Das war ein Aha-Erlebnis, denn Most war bis dahin für mich ein derbes, krampensaures Getränk gewesen, das man nur kurz vor dem Verdursten hinunterschüttet. Wenn sich nun im September das Laub verfärbt und ein fruchtiger Duft über die Hügel zieht, dann ist es wieder soweit, da muss ich meine Bekanntschaft mit dem Most erneuern. Im Herbst gibt es die reizvollsten Möglichkeiten, sich hier den richtigen Appetit für eine Mostjause zu holen: Das Mostviertel ist eine ideale Radel-, Wander- und Reitlandschaft.

Obstbäume kannte man hier schon seit alter Zeit, krumm, unveredelt, bucklig gewachsen, wie das Mostobst selbst. Most war ein wichtiges Produkt der bäuerlichen Ess- und Trinkkultur. Zu Beginn des vorigen Jahrhunderts gab es ja noch über eine Million Obstbäume – Maria Theresia hatte nämlich die Anpflanzung von Streuobstbäumen entlang sämtlicher Landes- und Bezirksstraßen verordnet und ihr Sohn Josef II. Eheleute dazu verpflichtet, mindestens zwei fruchttragende Bäume zu setzen.

Heute gibt es noch an die 200.000 Mostobstbäume, und das Mostviertel in Niederösterreich ist geprägt von einer traditionellen Landwirtschaft mit riesigen Vierkanthöfen inmitten einer lieblichen Landschaft. Vieles an alten Sitten und Gebräuchen ist hier erhalten geblieben.

Der Zeitgeist des „gesunden, naturnahen Lebens“ knüpft daran an, der Most erlebt einen Höhenflug, die Mostheurigen sind „in“, die Mostbauern haben den fruchtigen Durstlöscher salonfähig gemacht.

Es gibt mehr als 300 Mostäpfel- und Mostbirnensorten, mit klingenden Namen wie Speckbirne, Schotterbirne, Dorschbirn, Landbirne oder der – man möge mir verzeihen – wahrlich krampensaure Holzapfel. Und Most ist nicht gleich Most! Er ist von der ländlichen Temperaturverteilung so abhängig wie Wein. Wer schmecken kann, der wird die kleinen, aber feinen Unterschiede zwischen einem Most aus Weinbirne, Stieglbirne oder Wasserbirne wahrnehmen können. Da umschmeicheln Aromen von Muskat, Nuss oder Honig Gaumen und Nase, die Seele dieses Elixiers nimmt den Genießer gefangen.

Guter Most erfordert übrigens wie Wein Sorgfalt und gewachsene Kellerkultur. Mostobst wird nicht gepflückt, sondern aufgeklaubt, gewaschen und in einer Obstmühle vermahlen.

SORTEN: So vielfältig wie die Obstsorten sind die daraus entstehenden Produkte.
Süßmost: ein alkoholfreier, naturreiner Saft, frisch von der Presse.
Birnenmost: vergorener Saft aus Mostbirne, hält sich bis ins späte Frühjahr.
Mischlingsmost: vergorener Saft aus Äpfeln und Birnen, der vom Spätherbst über den Winter bis zur neuen Ernte getrunken wird.
Apfelmost: aus reinem vergorenem Apfelsaft, mehrjährig lagerfähig.

EINKAUF: Beim Einkauf sollte man die vier Geschmacksrichtungen (mild, halbmild, kräftig und resch) beachten.
Milder Most hat wenig Säure, der Zuckerwert ist höher als der Säurewert, kein deutlich spürbarer Gerbstoff, wird als Durstlöscher getrunken und eignet sich zu leichten, milden Speisen – für „Neueinsteiger".
Halbmilder Most ist trocken, Zuckerwert ist kleiner oder gleich dem Säurewert.
Kräftiger und rescher Most haben schon einen deutlich spürbaren Gerbstoffgehalt. Sie gehören zur Hauptspeise oder Jause und eignen sich zum Kochen und für die Glühmostzubereitung.
Rescher Most mit 8% Säure bietet maximale Erfrischung.

VERWENDUNGSTIPP: Viele Speisen können mit Most zubereitet werden, von samtigen Suppen über Fleisch und Fisch bis hin zu fruchtigen Mehlspeisen. Most ist außerdem ein wahres Gesundheitsgetränk, das sogar vom Kräuterpfarrer Weidinger empfohlen wurde. Schon die Kelten vor 3000 Jahren haben den Wert des wild wachsenden Kernobstes erkannt. Reich an Vitamin C, Kalzium, Kalium, Magnesium, mit einem relativ geringen Alkoholgehalt bei erfrischender Säure ist Most ein wahres „Wellness-Getränk".

Zimtcroutons setzen einen feinen Akzent …

Mostsuppe mit Zimtcroutons

Zutaten für 4 Portionen
1 kleine Birne
Saft von 1/2 Zitrone
1/4 l Birnenmost
2 Scheiben Brot
1 Esslöffel Butter
Zimt
1/4 l Schlagobers
4 Dotter
1/2 l Hühnerbouillon (Würfelsuppe)
Salz
Pfeffer aus der Mühle

EINFACH
Zubereitungszeit: 30 Minuten

Birne schälen, vierteln, entkernen und in kleine Würfel schneiden, Fruchtfleisch mit Zitronensaft beträufeln. Birnenschalen mit Most aufkochen, von der Hitze nehmen und auskühlen lassen.
Brot entrinden, in kleine Würfel schneiden und in zerlassener Butter knusprig braten, auf Küchenkrepp gut abtropfen lassen und mit Zimt bestreuen.
Ausgekühlten Most durch ein Sieb seihen, mit Schlagobers und Dottern gut verquirlen. Hühnerbouillon erhitzen, Mostmischung dazugießen und bei geringer Hitze mit dem Schneebesen cremig aufschlagen. Mostsuppe mit Salz sowie Pfeffer abschmecken, Birnenstücke dazugeben und mit Zimtcroutons bestreut servieren.

Most ist wahrlich eine köstliche Kost:

G'selchtes in Mostteig

Zutaten für 4 Portionen
Mostteig:
2 Eier
1/4 l Birnenmost oder Mischlingsmost
Salz
Pfeffer aus der Mühle
15 dag Mehl (glatt)
60 dag Geselchtes
Mehl (griffig) zum Wenden
Fett zum Ausbacken

EINFACH
Zubereitungszeit: 40 Minuten

Mostteig: Eier trennen. Dotter mit Most, Salz sowie Pfeffer verrühren und Mehl nach und nach unterrühren. Teig etwa 15 Minuten rasten lassen. Eiklar zu steifem Schnee schlagen und unterheben.
Geselchtes in etwa 4 cm breite Stücke schneiden. In Mehl wenden, in den Teig tauchen und portionsweise in heißem Fett bei mittlerer Hitze etwa 3 Minuten schwimmend ausbacken. Aus dem Fett heben, auf Küchenkrepp gut abtropfen lassen.
Chinakohl-Birnensalat mit Mostmarinade schmeckt sehr gut dazu: 30 dag Chinakohl waschen, gut abtropfen lassen und in etwa 1,5 cm breite Streifen schneiden. 2 Birnen schälen, vierteln, entkernen und in Spalten schneiden. Mit 1 Esslöffel Zitronensaft beträufeln. 6 Esslöffel Öl mit 2 Esslöffel Balsamessig, 2 Esslöffel Birnenmost, 1 Esslöffel Schnittlauch (gehackt) gut verrühren; salzen und pfeffern. Salat und Birnen mit der Marinade übergießen und vorsichtig miteinander vermengen.

Manchmal verwöhne ich mich gerne selber mit einer Forelle, dazu gibt es eine feine, unkomplizierte Most-Traubensauce.

Forelle mit Most-Traubensauce

Zutaten für 1 Portion
1 küchenfertige Forelle (35 dag)
Salz
2 Esslöffel Zitronensaft
1 Esslöffel Mehl (glatt), zum Wenden
1 Esslöffel Butter
1 Esslöffel Öl
10 cl Geflügelbouillon
10 cl Birnenmost
8 dag kernlose Trauben
4 dag kalte Butterstücke
Pfeffer aus der Mühle
Prise Zucker
1 Esslöffel frischer Estragon, gehackt

EINFACH
Zubereitungszeit: 30 Minuten

Forelle in drei Teile schneiden, waschen, trocken tupfen, salzen und mit Zitronensaft beträufeln, in Mehl wenden, überschüssiges Mehl abklopfen. Butter mit Öl erhitzen und die Fischstücke beidseitig etwa 2–3 Minuten anbraten. Aus der Pfanne nehmen und im vorgeheizten Rohr bei 180 °C etwa 10 Minuten fertig braten. Bratsatz mit Bouillon sowie Most aufgießen, aufkochen lassen und auf ein Drittel einkochen. Trauben waschen, halbieren. Butter in die Sauce rühren, mit Salz, Pfeffer und Zucker abschmecken. Trauben und Estragon in die Sauce geben und erwärmen. Fisch mit Traubensauce anrichten. Dazu passt Erdäpfelpüree.

Mostschober ist eine Art b'soffener Nusskoch …

Mostschober

Zutaten für 6 Portionen
6 Eier, getrennt
7 dag Butter
7 dag Staubzucker
Prise Salz
Schale von 1 Orange (unbehandelt), abgerieben
6 dag Semmelbrösel
10 dag Haselnüsse, gerieben
4 dag Schokolade, gerieben
1 Packung Vanillezucker
Butter und Kristallzucker für die Form
Überguss:
1/2 l Birnenmost
8 dag Kristallzucker
1 Zimtstange
Orangenschale (unbehandelt)
2 Gewürznelken
Schlagobers und Kompottkirschen zum Garnieren

EINFACH
Zubereitungszeit: 1 Stunde

Butter mit Zucker, Prise Salz sowie Orangenschale cremig rühren. Dotter nach und nach unterrühren. Haselnüsse und Semmelbrösel vermengen. Eiklar mit Vanillezucker zu steifem Schnee schlagen und abwechselnd mit den Nussbröseln unterheben. Schokolade behutsam unterziehen. Masse in eine befettete und mit Zucker ausgestreute Form (Gugelhupf) füllen. Im vorgeheizten Rohr bei 170 °C etwa 45 Minuten backen.
Überguss: Most mit Zucker, Zimtstange, Orangenschale und Gewürznelken erwärmen, aber nicht aufkochen; bei geringer Hitze etwa 5 Minuten ziehen lassen; abseihen.
Nusskoch in Portionen schneiden und mit warmem Most begießen. Mit Schlagobers und Kompottkirschen garniert servieren.

*Wenn der Bartl den Most holt …
dann gibt es einen feinen Braten:*

Gerollter Sonntagsmostbraten

Zutaten für 4 Portionen
1 Schweinsnetz
2 kleine Birnen
5 dag Dörrzwetschken
1 Esslöffel Zitronensaft
1 Ei
20 dag Brioche
2 Esslöffel Milch
3 dag Butter
Salz
1 Kaffeelöffel Petersilie, gehackt
75 dag Schweinskarree, ausgelöst
Pfeffer aus der Mühle
1 Zwiebel
1 Bund Wurzelwerk
5 dag Frühstücksspeck
3 Esslöffel Öl
Balsamessig
1/4 l Most
1 Lorbeerblatt
4 Pfefferkörner
1 Esslöffel kalte Butterstücke

AUFWÄNDIG
Zubereitungszeit: 1 Stunde 45 Minuten

Schweinsnetz in kaltem Wasser einweichen. Birnen schälen, vierteln und entkernen. Dörrzwetschken und Birnen in etwa 1 cm große Würfel schneiden und mit Zitronensaft beträufeln. Ei trennen.
Brioche entrinden, in kleine Würfel schneiden und mit Milch beträufeln. Butter mit Dotter, Prise Salz cremig rühren, Brioche, Petersilie und die Früchte unter den Abtrieb rühren. Eiklar zu steifem Schnee schlagen und unterheben.
Fleisch der Länge nach zweimal einschneiden, aufklappen, sodass ein Rechteck entsteht. Fleisch behutsam etwas flach klopfen, salzen, pfeffern, im unteren Drittel mit der Briochefüllung belegen und das Fleisch einrollen. Schweinsnetz gut ausdrücken, auf der Arbeitsfläche ausbreiten und den gefüllten Braten darin eng einrollen.
Zwiebel schälen. Wurzelgemüse waschen, putzen. Zwiebel, Gemüse sowie Speck in gleich große Stücke schneiden.
Öl in einer Bratwanne erhitzen, Fleisch darin rundum kräftig anbraten, herausnehmen. Im Bratrückstand Zwiebel, Speck und Wurzelgemüse anrösten, Braten darauflegen, mit etwas Balsamessig sowie der halben Menge Most untergießen, Lorbeerblatt und Pfefferkörner beifügen und das Fleisch im vorgeheizten Rohr bei 220 °C etwa 15 Minuten braten, Temperatur auf 150 °C herunterschalten und weitere 45 Minuten braten. Hinweis: Immer wieder mit Bratensaft übergießen. Eventuell zusätzlich Most dazugießen.
Braten herausnehmen und etwa 10 Minuten rasten lassen. Bratensaft durch ein Sieb seihen und durch Einrühren von kalten Butterstücken binden.
Mostbraten in Scheiben schneiden und mit Saft anrichten.
Dazu passt herrlich ein Kürbisgemüse.

Es muss nicht immer Bratapfel sein:

Gedünstete Mostäpfel

Zutaten für 4 Portionen
4 Äpfel (Cox Orange, Jonagold, Boskop)
Saft von 1 Zitrone
15 cl Milch
3 dag Kristallzucker
7 dag Mandeln
4 dag Biskuitbröseln
1 Esslöffel Rum
2 dag Rosinen
Dünstsud:
3/4 l Apfelmost
2 Gewürznelken
1 Zimtstange
1 Anisstern
2 dag Kristallzucker
Mostschaum:
2 Dotter
1/16 l Most
1/2 Esslöffel Kristallzucker

MITTEL
Zubereitungszeit: 40 Minuten

Äpfel schälen, oben einen Deckel abschneiden. Äpfel mit einem Ausstecher großzügig ausstechen, innen und außen mit Zitronensaft einreiben. Milch aufkochen, Zucker, Mandeln, Brösel, Rum, Rosinen einrühren und zu einem dicken Brei einkochen lassen. Masse in die Äpfel füllen, Deckel aufsetzen. 3/4 l Wasser mit Most, Nelken, Zimtstange, Anis sowie Kristallzucker aufkochen, etwa zwei Minuten kochen lassen, abseihen. Äpfel in eine Auflaufform setzen, mit Mostsud übergießen und zugedeckt im vorgeheizten Rohr bei 200 °C etwa 15–20 Minuten bissfest dünsten.
Mostschaum: Dotter mit Most und Zucker gut verrühren und über Dampf cremig aufschlagen. Von der Hitze nehmen und kalt schlagen. Äpfel aus dem Sud heben, anrichten, mit Mostschaum übergießen und sofort servieren.

Produktregister

APFEL
Apfelstrudel mit Milchrahm 16
Christkindls Bratäpfel 14
Gebackene Renetten 19
Gedünstete Mostäpfel 199
Gefüllter Speckapfel 18
„Himmel und Erde“ 18
Maschansker-Reisauflauf 17
Ochsenschlepp mit Äpfeln 107
Sellerie-Apfelsuppe 19
Stosuppe mit Apfelschmankerln 168
Weiße Mohnsuppe mit Äpfeln 186

MARILLE
Marillenknödel 24
Marillenmarmelade 29
Marillenspatzen mit Vanillerahm 28
Marillenstrudel 29
Marillensuppe mit Gewürzkaramell 26
Marillen-Topfentorte 25
Saftiger Marillenkuchen 28

ERDBEERE
Beeren-Cocktail 38
Erdbeer-Halbgefrorenes 34
Erdbeerknödel (Topfenteig) 39
Erdbeer-Spargelkompott mit Ananassorbet 96
Erdbeer-Spargel-Tiramisu 97
Gebratene Erdbeeren mit Estragon 34
Germpalatschinken mit Topfen und Pfeffererdbeeren 36
Karamell-Grießschmarren mit Walderdbeer-Fenchelkompott 38
Marinierte Erdbeeren 34
Überbackene Arme Ritter mit Erdbeeren 35

ZWETSCHKE
Gedünstete Zwetschken mit Vanilleobers 44
Germknödel 46
Glückskuchen 45
Überbackene Zwetschken mit Erdäpfelstreusel 48
Zwetschkenfleck 44
Zwetschkenknödel (Brandteig) 49
Zwetschkentorte 50

ERDAPFEL
Eingebrannte Erdäpfel 62
Erdäpfelauflauf mit gebackenen Zwiebeln 60
Erdäpfel-Forellenstrudel 161
Erdäpfelgulasch 63
Erdäpfelkrapfen 106
Erdäpfel-Mohngugelhupf 58
Erdäpfel-Palatschinken mit Kürbisfülle 72
Erdäpfelpüree 57
Erdäpfelsalat mit Ei-Marinade 160
Erdäpfelsalat mit Lachs 62
Erdäpfelteig 56
Geeiste Erdäpfel-Sauerampfersuppe 56
Lammkoteletts im Erdäpfelteig 138
Skubanki 57
Stosuppe mit Apfelschmankerln 168
Strapaziknödel 61
Waldviertler Reiberknödel 48
Weißer Spargel mit Erdäpfel-Lauch-Creme 94

KÜRBIS
Erdäpfel-Palatschinken mit Kürbisfülle 72
Gebackener Kürbis-Topfenkuchen 70
Gefüllte Zucchiniblüten 69
Gefüllter Kürbis mit Paradeisersauce 75
Kürbissalat 68
Kürbissuppe mit Orange 68
Kürbistarte mit Nusskaramell 73
Omas Kürbisstrudel 74
Süße Kürbispuffer 69

PARADEISER
Eingelegte grüne Paradeiser 87
Gefüllte Paradeiser 80
Paradeiserchutney 82
Paradeisersauce 75
Paradeiserschnitzel mit Basilikumsauce 81
Paradeiser-Tarte Tatin 85
Paradeiser-Zwiebelsuppe 80
Paradiesapfelkraut 116
Schmorparadeiser mit „Kräuterrittern" 81
Südliches Ofengemüse 86
Warmer Paradeisersalat mit gebackenen Pfirsichen 84

SPARGEL
Erdbeer-Spargelkompott mit Ananassorbet 96
Erdbeer-Spargel-Tiramisu 97
Grüner Spargel 93
Maibock mit Spargelragout 129
Risotto mit grünem Spargel 95
Spargel mit Ei 98
Spargel mit Sauce Vinaigrette 98
Süßer Spargel in Bierteig 93
Weißer Spargel mit Erdäpfel-Lauch-Creme 94

RIND & KALB
Gefüllte Kalbsbrust 109
Geschmorte Rindsbacken mit Schalotten 108
Lebernockerln 104
Marinierter Rindsbraten 105
Ochsenschlepp mit Äpfeln 107
Rindsuppe 104
Vanillerostbraten mit Erdäpfelkrapfen 106

SCHWEIN
Blunzen-Kohl-Rouladen 117
G'selchtes in Mostteig 196
Gefüllter Speckapfel 18
Gerollter Sonntagsmostbraten 198
Krustenbratl mit Bier-Zwetschkensauce 119
Osterschinken im Brotteig 112
Schinkenfleckerln 113
Speckschmarren 94
Szegediner Ripperlgulasch 113
Überbackenes Krautreisfleisch 118
Waldviertler Saumoasen 116
Wurstschüsserln 114

WILD
Gefüllte Hirschvögerl 125
Hirschrücken mit Himbeersauce 128
Maibock mit Spargelragout 129
Rehragout mit Preiselbeeren 124
Rehschnitzel mit Eierschwammerln 126

LAMM
Gebackene Lamm-Medaillons 134
Gefüllte Lammlaberln 134
Gesurte Lammstelzen 139
Lammkoteletts im Erdäpfelteig 138
Lamm-Rosmarin-Spieße mit Rotweinschalotten 136
Lammschulter mit Honig und Mandeln 138
Lammzungen-G'röstl mit Krensauce 135

GANS
Böhmische Gans 147
Eingegossenes Gansl 148
Gänsefond 146
Ganslsuppe mit Frittaten 144
Geschmorte Gans in Ribiselsauce
Martinigans 146

FISCH
Erdäpfel-Forellenstrudel 161
Erdäpfelsalat mit Lachs 62
Fisch in der Salzkruste mit Fenchelschaum 159
Forelle mit Most-Traubensauce 197
Gefüllter Zander 162
Gespickter Karpfen 155
Karpfensuppe 154
Saibling im Pergament 157
Wurzelkarpfen 156
Zander in Mohn-Bröseln 160

MILCH
Erdäpfel-Liwanzen 173
Geeiste Kaffee-Vanille-Sauce 16
Gekochter Topfen-Grießstrudel 172
Kanarimilch 170
Kräutersauce 179
Lieder ohne Worte-Torte 169
Millirahmstrudel 170
Rahm-Ingwerkraut 162
Rahmschmarren mit Frühlingsblüten 171
Sauerrahmsauce 39
Schnittlauchrahm 74
Stosuppe mit Apfelschmankerln 168
Topfenmilch 173
Überbackene Erdäpfelnudeln 169
Vanillerahm 28

KÄSE
Erdäpfelrösti mit Birne und Blauschimmelkäse 181
Gebackene Käsemäuse 179
Gebackener Kürbis-Topfenkuchen 70
Gefüllte Zucchiniblüten 69
Gekochter Topfen-Grießstrudel 172
Käse-Erdäpfel
Käsetorte 178
Kräutersauce 179
Marillen-Topfentorte 25
Topfenhaluschka 180
Topfenmilch 173
Ziegenkäse-Crostini 84
Ziegenkäse-Palatschinken 179

MOHN
Bandnudeln „Marco Polo" 187
Erdäpfel-Mohngugelhupf 58
Marmorierte Mohntorte 186
Süße Mohnnudeln (aus Brandteig) 188
Überbackener Mohn-Marillenstrudel 191
Mohnbuchtel 190
Weißmohnsuppe mit Äpfeln 186
Zander in Mohn-Bröseln 160

MOST
Chinakohl-Birnensalat mit Mostmarinade 196
Forelle mit Most-Traubensauce 197
G'selchtes in Mostteig 196
Gedünstete Mostäpfel 199
Gerollter Sonntagsmostbraten 198
Mostschaum 199
Mostschober 197
Mostsuppe mit Zimtcroutons 196
Sellerie-Apfelsuppe 19

Stichwortverzeichnis

Ananassorbet 96
Apfelschmankerln 168
Apfelstrudel mit Milchrahm 16
Arme Ritter mit Erdbeeren, überbacken 35

Bandnudeln "Marco Polo" 187
Basilikumsauce 81
Beeren-Cocktail 38
Bier-Zwetschkensauce 119
Blauschimmelkäse 181
Blunzen-Kohl-Rouladen 117
Bratäpfel, Christkindls 14
Bratquitten 146
Butterbrösel 39, 49, 172

Chinakohl-Birnensalat 196
Creme-Polenta 155

Eierkren 112
Erdäpfel-Lauch-Creme 94
Erdäpfel, eingebrannt 62
Erdäpfelauflauf 60
Erdäpfel-Forellenstrudel 161
Erdäpfelgulasch 63
Erdäpfelkrapfen 106
Erdäpfel-Liwanzen 173
Erdäpfel-Mohngugelhupf 58
Erdäpfelnudeln, überbacken 169
Erdäpfel-Palatschinken (mit Kürbisfülle) 72
Erdäpfelpüree 57
Erdäpfelrösti 181
Erdäpfelsalat mit Ei-Marinade 160
Erdäpfelsalat mit Lachs 62
Erdäpfel-Sauerampfersuppe, geeist 56
Erdäpfelstreusel 48
Erdäpfelteig 56
Erdbeeren, gebraten,mit Estragon 34
Erdbeeren, mariniert 34
Erdbeer-Halbgefrorenes 34
Erdbeerknödel (Topfenteig) 39
Erdbeer-Spargelkompott 96
Erdbeer-Spargel-Tiramisu 97

Fenchelschaum 159
Fisch in der Salzkruste 159
Forelle (mit Most-Traubensauce) 197
Frittaten 144

G'selchtes in Mostteig 196
Gans, böhmisch 147
Gans, geschmort, in Ribiselsauce 145
Gänsefond 146
Gansl, eingegossen 148
Ganslsuppe 144
Germknödel 46
Germpalatschinken (mit Topfen) 36
Gerstlgemüse 139
Gewürzkaramell 26
Glückskuchen 45
Grießschmarren 38
Grieß-Semmelknödel 119

Herzkirschenkompott 171
Himbeersauce 128
„Himmel und Erde“ 18
Hirschrücken 128
Hirschvögerl, gefüllt 125
Holunderblütensauce 93
Honigkraut, 147

Kaffee-Vanille-Sauce, geeist 16
Kalbsbrust, gefüllt 109
Karamell-Grießschmarren 38
Karamellsauce 14
Karpfen, gespickt 155
Karpfensuppe 154
Käse-Erdäpfel 178
Käsemäuse, gebacken 179

Käsetorte 178
Kräuterritter 81
Kräutersauce 179
Krautreisfleisch, überbacken 118
Krensauce 135
Krustenbratl 119
Kürbis, gefüllt 75
Kürbisfülle, für Palatschinken 72
Kürbispuffer, süß 69
Kürbissalat 68
Kürbisstrudel 74
Kürbissuppe mit Orange 68
Kürbistarte 73
Kürbis-Topfenkuchen 70

Lammkoteletts 138
Lammlaberln, gefüllt 134
Lamm-Medaillons, gebacken 134
Lamm-Rosmarin-Spieß 136
Lammschulter, mit Honig und Mandeln 138
Lammstelzen, gesurt 139
Lammzungen-G'röstl 135
Lebernockerln 104
Lieder ohne Worte-Torte 169

Maibock 129
Marillenknödel 24
Marillenkuchen 28
Marillenmarmelade 29
Marillenspatzen 28
Marillenstrudel 29
Marillensuppe 26
Marillen-Topfentorte 25
Martinigans 146
Maschansker-Reisauflauf 17
Millirahmstrudel 170
Mohnbuchtel 190
Mohn-Marillenstrudel, überbacken 191
Mohnnudeln, süß (aus Brandteig) 188
Mohntorte 186
Mostäpfel, gedünstet 199
Mostbraten 198
Mostmarinade 196
Mostschaum 199
Mostschober 197
Mostsuppe 196

Nudelteig 180
Nusskaramell 73
Nuss-Spatzen 105

Ochsenschlepp 107
Ofengemüse, südl. Art 86
Osterschinken, im Brotteig 112

Paradeiser, gefüllt 80
Paradeiser, grün, eingelegt 87
Paradeiserchutney 82
Paradeisersalat , warm 84
Paradeisersauce 75
Paradeiserschnitzel 81
Paradeiser-Tarte Tatin 85
Paradeiser-Zwiebelsuppe 80
Paradiesäpfelkraut 116
Pfeffererdbeeren 36
Pfirsiche, gebacken 84
Polenta 155

Rahm-Ingwerkraut 162
Rahmschmarren 171
Rehragout 124
Rehschnitzel, mit Eierschwammerln 126
Reiberknödel 61
Reisauflauf 17
Renetten, gebacken 19
Rindsbacken, geschmort 108
Rindsbraten, mariniert 105

Rindsuppe 104
Risotto, mit grünem Spargel 95
Rotweinschalotten 136

Saibling im Pergament 157
Sauce Vinaigrette 98
Sauerkraut-Scheiterhaufen 107
Sauerrahmsauce 39
Saumoasen, Waldviertler Art 116
Schinkenfleckerln 113
Schmorparadeiser 81
Schnittlauchrahm 74
Sellerie-Apfelsuppe 19
Semmelknödel 124
Skubanki 57
Spargel, mit Sauce Vinaigrette 98
Spargel, grün 93
Spargel, mit Ei 98
Spargel, süß, in Bierteig 93
Spargel, weiß 94
Spargelragout 129
Speckapfel, gefüllt 18
Speckschmarren, geröstet 94
Stosuppe 168
Strapaziknödel 61
Strudelteig (Grundrezept) 16
Szegediner Ripperlgulasch

Topfen-Grießstrudel, gekocht 172
Topfenhaluschka 180
Topfenmilch 173

Vanilleobers 44
Vanillerahm 28
Vanillerostbraten 106

Walderdbeer-Fenchelkompott 38
Weinbackteig 28
Weinchaudeau 17
Weißmohnsuppe 186
Wurstschüsserln 114
Wurzelkarpfen 156

Zander, gefüllt 162
Zander, in Mohn-Böseln 160
Ziegenkäse-Crostini 84
Ziegenkäse-Palatschinken 179
Zimtcroutons 196
Zucchiniblüten, gefüllt 69
Zwetschken, gedünstet 44
Zwetschken, überbacken 48
Zwetschkenfleck 44
Zwetschkenknödel (Brandteig) 49
Zwetschkentorte 50
Zwiebeln, gebacken 60

Österreich ist innerhalb der Europäischen Union als Feinkostladen positioniert. Die niederösterreichischen Landwirtinnen und Landwirte produzieren eine breite Palette von hochqualitativen Lebensmitteln, die die Voraussetzung für eine gesunde und lustvolle Ernährung bieten. Das beste Fleisch, die beste Marille oder der tollste Fisch ist aber nur eine halbe Sache ohne die entsprechende Zubereitung. Dieses Kochbuch gibt viele Anregungen, wie qualitativ hochwertige Produkte zu Gaumenfreuden verarbeitet werden können. Die Initiative „So schmeckt Niederösterreich" bekommt dadurch Leben, dass Rezepte mit den entsprechenden Produktinformationen gemeinsam dargeboten werden. Interessante Informationen über die Früchte unseres Landes dokumentieren die lange, vielfältige Tradition und Kultur unserer Ernährung und der Essgewohnheiten.

Eine ausgewogene Ernährung und eine intakte Umwelt sind die Grundlagen für eine hohe Lebensqualität. Ein derartiges Buch macht wieder Lust auf regional produzierte, frische Produkte und deren Verfeinerung. Ich wünsche Ihnen beim Zubereiten der Rezepte viel Freude und gutes Gelingen.

LR DI Josef Plank
Präsident Ökosoziales Forum Niederösterreich

So schmeckt das Wirtshaus

Mit einem Vorwort von Christoph Wagner.

Ulli Amon-Jell regiert am idyllischen Hohen Markt in Krems (NÖ) über ein Wirtshaus, das alle Tugenden eines richtigen Wirtshauses in sich vereint und trotzdem anders ist. So wie Ulli eben anders ist. Und das beweist sie auch in ihrer Küche. Da hat das klassische Gulasch ebenso einen Platz wie die Jakobsmuscheln, die bei Ulli aber in Begleitung einer Blunzn daherkommen.

In ihrem Kochbuch zeigt Ulli Amon-Jell, wie man Wirtshausküche auch zu Hause auf den Tisch zaubert. Sie kramt in den Kochbüchern ihrer Großmutter, gibt Klassikern eine eigene Note und überrascht mit ungewöhnlichen Kombinationen. Immer authentisch, immer echt Wirtshaus und immer echt Ulli eben. Als Mutter von drei Kindern achtet sie dabei aber stets darauf, dass alles leicht nachzukochen und nie zu aufwändig wird.

Ulli Amon Jell ist Obfrau der „Wirtshauskultur" und Fernsehköchin in „Willkommen Österreich".

240 Seiten
Hardcover
ISBN 3853263968

NP BUCHVERLAG

LW EDITION